ブックレット新潟大学

イスラームの生命倫理
いのちに関する聖典解釈

青柳 かおる

新潟日報メディアネット

もくじ

はじめに …………………………………………………………………… 5

第1章　聖典解釈とイスラーム法 …………………………………… 7
　（1）預言者ムハンマドとイスラーム ………………………… 7
　（2）コーランとハディース …………………………………… 9
　（3）イスラーム法 ……………………………………………… 12

第2章　イスラームの婚姻制度とジェンダー ……………………… 15
　（1）婚姻制度と家族観 ………………………………………… 15
　（2）ジェンダーと人権 ………………………………………… 18
　（3）性的マイノリティ ………………………………………… 24

第3章　避妊と中絶──初期胚の問題 ……………………………… 28
　（1）イスラームにおける胚の形成過程 ……………………… 28
　（2）避妊に関する議論 ………………………………………… 30
　（3）中絶とES細胞に関する議論 …………………………… 32

第4章　生殖補助医療 ………………………………………………… 36
　（1）スンナ派の見解 …………………………………………… 36
　（2）シーア派の見解 …………………………………………… 38
　（3）出生前診断 ………………………………………………… 42

第 5 章　死と終末期医療 ……………………………………………… *45*
　（1）イスラームにおける死 ………………………………………… *45*
　（2）脳死と臓器移植 ………………………………………………… *49*
　（3）安楽死と尊厳死（消極的安楽死）…………………………… *51*
　（4）看護と終末期医療 ……………………………………………… *55*

おわりに ………………………………………………………………… *60*

　注 ………………………………………………………………………… *62*
　参考文献 ………………………………………………………………… *68*

はじめに

　20世紀以降の生命科学、医療技術の著しい発展は、生命への高度な人為的介入を可能にしました。生命の根幹部分に人為的操作が加えられ、生命の尊厳に関わるような医療技術の開発や利用については、医療従事者と患者という当事者同士の納得だけでは事は済まず、社会的な合意形成が必要とされます。そこから医療の現場と一般社会をつなぐ生命倫理が新たな学問分野として誕生することになりました[1]。

　生命をどこまで人為的に操作してよいかを問う生命倫理は、社会的に大きな要請のある極めて重要な分野であるとともに、近年、国内外のイスラーム研究において注目されている分野でもあります。生命倫理は文化（とくに宗教）と密接に関わっており、本書ではイスラーム（イスラーム教）の事例をとおしてこの問題を考察しますが、さらに読者のみなさんが日本や諸外国における生命倫理の議論についても考えるきっかけになればと思います。

　イスラーム教徒（ムスリム）による議論では、生命倫理に限らず、二大聖典であるコーラン、ハディース（ムハンマドの言行を伝える伝承）などの文言が引用され、その解釈によってさまざまな結論が導き出されます。そのため、本書では聖典解釈という視点を取り入れていきます。

　生命倫理が扱う分野は多様ですが、古来から論じられてきた分野もあります。たとえば避妊や中絶は生命倫理の領域でもありますが、生命倫理が誕生する以前にあった宗教でもこれらの問題は議論されていました。イスラームでは避妊や中絶については、どのような聖典の文言が引用され、いかなる議論が行われてきたのでしょうか。また高度な医療技

術によって引き起こされた問題、たとえば脳死と臓器移植、生殖補助医療などについては、コーランに直接的な回答は書かれていません。その場合、イスラーム教徒たちはどのように対処してきたのでしょうか。

　本書では、第1章でイスラームやコーランの概要、第2章においてイスラームの家族観、人権、ジェンダー（社会的性役割）といった問題を踏まえ、第3章以降で、イスラームにおけるいのちの始まり（初期胚、生殖補助医療）と終わり（死と終末期医療）の議論を、根拠となる聖典の文言やその解釈に基づきながら、明らかにしたいと思います。

図1　書見台の上のコーラン（筆者所蔵、撮影）

　なおコーランの和訳およびアラビア語原文は、三田了一訳『日亜対訳・注解 聖クルアーン』（日本ムスリム協会）のウェブ版を参照しましたが、和訳には、省略したり、改めたりしたところがあります。

　また本書の（　）内の文言は筆者（青柳）による補足であり、［　］内の文言はコーラン等の翻訳者または引用文献の著者による補足です。

第1章　聖典解釈とイスラーム法

（1）預言者ムハンマドとイスラーム

　イスラームとは、アラビア語で「神への絶対的服従」、「神への帰依」を意味します。7世紀のアラビア半島で預言者ムハンマド（570年頃〜632年）によって創始され、現在、世界中に広がっている一神教です。

　ムハンマドは570年頃、メッカのクライシュ族という名門部族に生まれました[2]。誕生前に父は亡くなり、6歳頃に母も没して孤児となったため、祖父、次いでおじのアブー・ターリブに育てられます。商人となって隊商に加わっていましたが、25歳頃、ハディージャという裕福な商人と結婚し、二人の間の子孫の家系が現在まで続いています。その後、ムハンマドはヒラー山の洞窟にこもるようになり、610年頃、天使ガブリエル（ジブリール）によって神の啓示（神の言葉）が下ったとされます[3]。

　ムハンマドは自分が預言者であるという自覚を得て、イスラームの布教活動を始めます。しかしムハンマドの説く教えは、当時のアラビア半島の人々には受け入れられず、ムハンマドは有力者たちから迫害を受けました。イスラーム以前（ジャーヒリーヤ時代、無明時代）のアラビア半島の人々の多くは多神教徒であり、先祖伝来の部族の掟に従って生きていました。有力な部族の部族長たちにとっては、ムハンマドを頂点とし、唯一神の啓示に従う宗教共同体が成立すれば自分たちの既得権益が損なわれるため、ムハンマドの教えは危険視されたのです。

　ムハンマドは、最初は身内や親友など身近な人々に布教し、しだいに社会的・経済的弱者を中心に信徒を増やしていきました。しかし迫害は

ひどくなる一方で、622年、メッカから北方に約350キロの町ヤスリブ（後にメディナに改名）にヒジュラ（聖遷）したのです。ムハンマドはメディナのイスラーム共同体の実質的な指導者となっていき、最終的には630年にメッカを無血開城してアラビア半島を統一します。

　またヒジュラに伴い、啓示の内容も変容しました。メッカ期には神の唯一性や、終末と来世への警告などが強調されましたが、メディナ期にはしだいに結婚、離婚、商売、遺産相続といった日常生活や社会規範に関することが増えていきます。ムハンマドは預言者であるだけではなく、政治家、裁判官、軍事司令官でもありました。そのため、イスラームは聖俗どちらの領域も包含することになるのです。

　さてコーラン（次節で詳述）によると、世界は神（アッラー）[4]によって無から創造され、やがて天変地異が起き、終末の日がやってきます。終末の日にすべての人間が復活し、神の前で最後の審判を受けることになります。神の命令に従って現世を生きてきたかどうか、生前の行為が秤にかけられ、天国に行くか地獄に行くかが決まるのです。このように神の命令に従って現世を生きることが、来世での救済（天国）と直結しているため、どのような行為がムスリムにとって義務なのか、禁止されているのかが非常に重要になってきます。

　信徒は神の命令であるイスラーム法（シャリーア）に従って生活していますが、イスラーム法は、主に二大聖典であるコーランとハディースの解釈から導き出されます。ムハンマドの存命中は、折に触れ啓示が下されたり、生活していくうえで何か問題が生じれば、ムハンマドに直接訊くことができました。しかしムハンマドの死後は、もう啓示が下されることも、ムハンマドからの回答もありません。しかも大征服活動によって、支配領域はアラビア半島を超え、イベリア半島から中央アジア

にまで広がり、さまざまな問題が生じてきました。

　そのような状況のなか、新しく生じた諸問題を解決するために、法的な問題に通じた者たちが自分の個人的見解を述べたり、征服した土地の慣習法を用いることがありました。しかしそれではイスラーム法、ひいては共同体の統一が取れなくなってしまうとして、コーランとスンナ（ハディースから読み取れるムハンマドの範例）を主要な法源とする、イスラーム法を導き出すための方法論（法源論）が編み出されました。

（2）コーランとハディース

　コーランは、預言者ムハンマドに下されたとされる神の啓示をまとめたものです。アラビア語ではクルアーンといい、原意は「声に出して読まれるもの」です。押韻散文の大変美しい文体で、人の手によるとは思われないようなその奇跡的な文体そのものが、ムハンマドが神の言葉を授かる預言者である証拠だとされています[5]。

　ムハンマドは、当時のアラブ人たちから預言者ではなく詩人ではないかと疑われていたようです。コーランには「もしあなたがたが、わがしもべ［ムハンマド］に下した啓示を疑うならば、それに類する1章でも作ってみなさい。……もしあなたがたができないならば、いや、できるはずもないのだが、人間と石を燃料とする地獄の業火を恐れなさい（2章23-24節）」と書かれています。ムハンマドに挑戦してきた詩人たちは、誰もムハンマドが伝える啓示ほどの美しい文体の詩を作ることはできなかったとされます。またムハンマドを迫害していた有力者のウマル（後の第2代正統カリフ[6]）は、妹の朗誦するコーランの文言を聞いてその美しさに衝撃を受け、イスラームに改宗したと言われています。

　コーランの成立過程については、以下のように伝えられています。ム

ハンマドが亡くなるまでの約23年間に、啓示は断続的に下されました。初期の頃はムハンマドと周りの者たちが暗記したり、メモを取ったりしていましたが、書物としてまとめられることはありませんでした。しかしムハンマドの死後、暗唱者たちが亡くなっていき、暗記による口承では記録の散逸や記憶の曖昧化が懸念されるようになりました。また支配領域が拡大し、各地のアラビア語方言によって細かい点で読み方が異なってきたのです。

　そのような状況のなか、第3代正統カリフのウスマーン（在位644～656年）の時代に、公式なコーランのテクスト（ウスマーン版）が編纂されました[7]。ムハンマドの書記を務めていたザイド・イブン・サービトを中心に、クライシュ族のアラビア語方言に従って暗唱者たちが読み合わせを行い、公式テクストを主要都市に配布し、異本を廃棄させました。

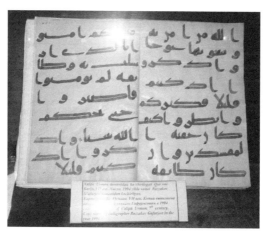

図2　ウスマーン版コーランとされてきた写本の複製
（ウズベキスタン、ブハラのアルク城内の博物館所蔵、塩尻和子氏撮影）

次にハディースとは、ムハンマドの言行を伝える伝承のことで、ムハンマドに直接接した人々（教友）から次の世代に口伝で伝えられ、暗記されていました。一つのハディースは、伝承経路（イスナード、伝承を伝えた人々の名前の羅列）と本文（マトン）から成っています。伝承経路には、ムハンマドに接した人から数人を経てハディース収集者（ハディース集編纂者）に至るまでの伝承者の名前が列挙されています[8]。
　9世紀になるとハディース集の編纂が盛んになり、10世紀までにスンナ派六大伝承集が編纂されました。もっとも権威があるのはブハーリー（810～870年）が編纂した『真正集（サヒーフ）』で、それに次ぐのが、ムスリム（817または821～875年）が編纂した『真正集』です。二つの『真正集』のハディースは、重複しているものもあれば、どちらかにしか収められていないものもあります。この二つの『真正集』に加え、さらにイブン・マージャ、アブー・ダーウード、ティルミズィー、ナサーイーが編纂した四つのハディース集が権威をもつようになりました。もちろんほかの編纂者が編纂したハディース集もたくさんあります。
　ハディース集編纂者は、まず膨大なハディースを収集しますが、そのなかには偽作も多く含まれていました。そこで伝承経路をチェックすることになります。伝承者の列伝などを参照して、伝承経路は途切れていないか、出会うはずのない人が出会っていないか、伝承者は公正な人物か、などを検証したのです。ハディースはその信憑性に関して格付けがなされます。一説によると、ムスリムは30万ものハディースを収集しましたが、15年かけて真正（サヒーフ）だと判断されるハディースを厳選していった結果、『真正集』に収録されたのはおよそ4000程度になってしまったと言われています[9]。
　ハディースは膨大な分量があるため、以前は紙媒体のハディース集の

なかから目的のハディースを探し出すことは非常に大変でした。しかし現在は、コーランやハディース、イスラーム諸学のアラビア語テクスト、さらに翻訳などもウェブ公開されており、コーラン解釈学やハディース学などの研鑽を積んだイスラーム学者ではなくても、調べたいハディースにアクセスしやすくなりました。一方、イスラーム諸学を修めていない人が、今までの膨大なテクスト解釈の蓄積を無視して、自分に都合のいい文言を抜き出すことも可能になってきたのです。

（3）イスラーム法

　神の命令とも言えるイスラーム法は、主に四つの法源から導き出されます。第1法源はコーラン、第2法源はスンナ（ムハンマドの範例）、第3法源はイジュマー（共同体の合意）、第4法源はキヤース（類推）です。それぞれについて説明していきましょう。

　新しい問題に直面したとき、まずウラマー（法学などのイスラーム諸学を修めた学者）はコーランを参照しますが、ほとんどの場合、あまり詳しいことは述べられていません。たとえば、礼拝をしなさいと書かれていますが、どのように行うのかは書かれていません。そこで、次にスンナを調べます。スンナを知るためにはハディースを読まなければなりません。スンナとは広く範例、習慣、慣行という意味ですが、先に述べたように、イスラーム法の文脈では、共同体の統一を図るため、地域の慣行は法学上の権威をもたず、ムハンマドの範例がスンナとされました。

　コーラン、スンナを調べても分からない場合は、法学書などを参照してイジュマーを探します。イジュマーとは「わがウンマ（共同体）は誤りにおいて一致することはない」というハディースに基づいて、共同体が合意した法的見解のことを意味しますが、現実にはすべてのイスラー

ム教徒が一致することはないので、多くのウラマーが一致した見解ということになります。イスラームには、キリスト教のカトリックのような正統と異端を決める教義の決定機関はなく、多数派、少数派、どちらの意見も併存しています。

　たとえば、女性の服装規定に関しては、コーランには「外に表れるもののほかは、かの女らの美［や飾り］を目立たせてはならない（24章31節）」と述べられています。美しいところを隠しなさいというのですが、詳しいことは不明です。しかし多くのウラマーは美しいところを「髪の毛」と解釈し、頭髪をヴェールで隠すべきだと解釈しているのです。さらに顔全体を隠すべきという意見、目は出してもよいという意見もありますし、ヴェールの色や形に関してもさまざまです。また、美しいところを「首飾り」と解釈すれば、ヴェールはかぶらなくてもよいという少数意見すらあります[10]。ただ、「少なくとも女性の髪の毛は隠すべきだ」という解釈が多数派の見解であり、権威をもっているのです。

図3　ウズベキスタンの女性たち（塩尻和子氏撮影）

コーラン、スンナ、イジュマーを参照しても答えが見つからない場合、資格のあるウラマーがイジュティハード（法規定を発見する努力）を行います。イジュティハードの方法は、個人的見解、公共の福祉などいくつかあります。それらのなかで、スンナ派の四つの法学派（マーリク学派、シャーフィイー学派、ハナフィー学派、ハンバル学派）すべてに認められている方法が、第4法源のキヤース（類推）です。

　キヤースの例を挙げましょう。たとえば、コーランでは「ぶどう酒（ハムル）」が禁止されています。それではナツメヤシ酒などほかのお酒は飲んでもよいのかという問題が、ムハンマドの時代から論じられていました。多くのウラマーは、ぶどう酒が禁止されている理由は酩酊作用があるからであり、ほかのお酒にも酩酊作用があるのだから、ぶどう酒からの類推によってほかのお酒も禁止だと判断したのです。そして多くの信徒もそれを受け入れています。ただし、少数のウラマーはぶどう酒が禁止されているのであって、ほかのお酒は許されると判断しました。このように、イスラーム法と聖典解釈は密接に関係しています。

　ウラマーによるコーランとハディースの解釈は時代や地域によって異なり、多数派と少数派の見解が併存してきました。有名な法学者は、一般信徒の質問に対して、過去のウラマーの見解なども参照しつつファトワー（一般信徒の質問に対する法学者の回答）を発出し、信徒はそれを参考に自分の取るべき行動を決定します。信徒はウラマーに直接会って相談したり、電話したりする場合もありますし、新聞や雑誌、テレビなどで質問を受け付け、ウラマーが回答する場合もあります。従来、ファトワーは口頭や紙媒体が中心でしたが、現在ではファトワー提供ウェブサイトも存在し、広く公開されています。

第2章　イスラームの婚姻制度とジェンダー

（1）婚姻制度と家族観

　男女が結婚して子どもを産み、信徒の数を増やすことは神の意志とされ、イスラームにおいて結婚は非常に重要です。たとえば、以下のようなハディースがあります。

　　結婚は私（ムハンマド）のスンナ（範例）の一部であり、私のスンナに従わない者は私とは関係ありません。結婚しなさい、私は諸ウンマ（共同体）の前であなたがたの数の多さを誇るでしょう[11]。

　　結婚する者は、宗教の半分を守ったことになる。もう半分として彼に神を畏れさせなさい[12]。

　近代以降、ほとんどのイスラーム諸国ではイスラーム法から西洋由来

　　　図4　エジプト南部の都市ミニヤにおける結婚披露宴
　　　　　（岩崎真紀氏撮影）

の近代法に変わりましたが、家族法の分野ではイスラーム法（一夫多妻制など）が根強く残っています。イスラームの家族観では親子の血縁関係が非常に重視されており、血統に混乱があってはならないため、イスラーム法では姦通に対して厳しい刑罰が科され、養子縁組も禁止されています。

　イスラーム思想史上最大の思想家の一人であるガザーリー（1058～1111年）の主著『宗教諸学の再興』所収の「婚姻作法の書」[13]を参照しながら、イスラームの婚姻制度と家族観について見てみましょう。この書は、コーラン、ハディース、先人たちの言葉を引用し、法学、神学、スーフィズム（神秘主義）の議論も織り交ぜながら、主に夫の立場から結婚生活について説明したものです。なおガザーリーは、ムスリムにとって結婚は望ましいものであり、結婚によって神への崇拝行為が容易になるとともに、神に思念を集中する生活が可能になり、ひいては来世

図5　ガザーリー「婚姻作法の書」冒頭の16世紀の写本
　　　（ロンドン、大英図書館所蔵、筆者撮影）

で天国に行くことにつながるとしています。

　ガザーリーはまず「婚姻作法の書」の第1章で、結婚のメリットとデメリットについて述べ、結婚すべきかを自分で考えなければいけないとしています。結婚のメリットとして、合法的に子どもをもうけることができることや、家族を養うことは神への崇拝行為の一環であることなどが挙げられ、デメリットとしては、家族を養うことは負担が重く、非合法な行為をしてしまう可能性があることなどが挙げられています。

　第2章では、婚姻契約について述べられています。婚姻契約の条件は以下の四つです。1）後見人（花嫁の父親などの男性親族）の許可、もしいない場合は裁判官の許可、2）父親と祖父以外の者によって婚姻契約を結ぶ女性の場合はその同意、3）公正な二人の証人、4）言葉による婚姻の申出とそれに続けて行われる承諾となっています。女性の後見人が「私はあなたを私の娘某と結婚させます」と言うと、男性は「私は彼女との結婚を、この婚資（後述）において承諾します」と述べます。

　このようにイスラームの婚姻契約の場では、花嫁の後見人、二人の証人が出席することが必要です[14]。また男性から女性に支払う婚資の額を決めておかなければなりません。婚資とは、新郎が新婦に支払う現金や物品のことで、結婚時に一括払いする場合と、結婚時と離婚した場合に分割払いにする場合などがあります。さらにガザーリーによれば、婚姻契約の場にほかの人々が出席することや、結婚の目的がスンナの実践や子どもを得ることなどであること、披露宴を行い結婚したことを周知することも、義務ではありませんが、望ましいとされています。

　第3章では、結婚生活のなかで生じる夫婦の関係、お互いの義務と権利などについて、主に夫の立場から説明されています。たとえば、夫は妻に優しく接し、冗談を言って妻を楽しませる一方、威厳を保って妻を

管理すべきであると述べられています。また、夫は妻をほかの男性と接触させないようにし、妻はなるべく家のなかで家事や子育てをし、家族のことに集中すべきだとされています。夫は妻を養い、妻は夫に従う義務があり、二人の間に争いが生じた場合は調停者を呼ばなければなりません。また避妊は容認されますが、中絶は禁止される[15]といった生命倫理に関する議論も述べられています。

　このようにイスラームでは、結婚の大きな目的は合法的に子どもをもうけることだと考えられています。また結婚の際は、花嫁の後見人と花婿の間で婚姻契約を締結し、結婚生活では、夫は収入を得るために働き、妻は家で家事をするという夫婦の役割分担が明確です。

　なお、シーア派の主流派である12イマーム派においては、通常の終生婚とは異なる婚姻制度、すなわち一時婚（ムトア）が認められています。一時婚とは、婚姻期間（数日、数年など）と婚資を条件とする婚姻契約のことで、後見人や二人の証人は必要なく、また夫に妻の扶養義務はありません。一時婚は、スンナ派および12イマーム派以外のシーア派では認められていません。

（2）ジェンダーと人権
　まず、性別と男女の組み合わせに関するコーランの章句として、以下のようなものがあります。

　　かれ（神）は、人間を男と女の両性になされたのではなかったか（75章39節）。
　　かれはあなたがた（人間）のために、あなたがたの間から夫婦を、また家畜にも雌雄を創られた。このようにして、あなたがたを繁殖させる（42章11節）。

第2章　イスラームの婚姻制度とジェンダー

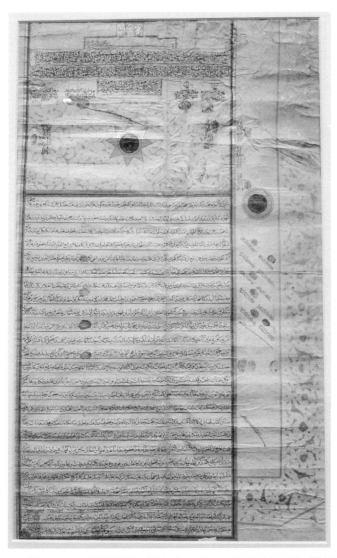

図6　19世紀イランの婚姻契約書の写本（ロンドン、大英博物館所蔵、筆者撮影）

本当にかれは、男と女の組み合わせを創られた（53章45節）。
　　　かれはすべてのものを一対に創造し、またあなたがたのために、舟と家畜を乗物として備えられた（43章12節）。
　　　またかれがあなたがた自身から、あなたがたのために配偶を創られたのは、かれの徴の一つである。あなたがたはかの女らによって安らぎを得るよう［取り計らわれ］、あなたがたの間に愛と情けの念を植えつけられる（30章21節）。

　このように、コーランによれば、人間の性別は男と女の2種類とされ、男女は夫婦になるべきであるとされています。

　イスラームの規範では一般に、女性と男性はまったく別の扱いをされます。性による役割分担が社会の秩序の基盤となり、性別を問わず一人の人間としてまったく同じように扱うという意味での男女の平等という発想はありません[16]。

　ただし、男女平等に関する章句として「かれは一つの魂からあなたがたを創り、またその魂から配偶者を創り、両人から、無数の男と女を増やし広められた方であられる（4章1節）」があります。ここでは男女は同じ源（魂）から創造された同等な存在とされています[17]。

　結婚生活においては、男女の役割分担が明確です。イスラームのジェンダー規範は、男女関係なく人間一人ひとりが人権をもつという近代ヨーロッパの考え方とは異なっています。コーランには、性別は男と女の二つに分けられ、夫は外で働いて家族を扶養し、妻は家で家事や育児を行うべきであると解釈されうる、以下の章句があります。

　　　男は女の擁護者［家長］である。それはアッラーが、一方を他よりも強くなされ、かれら（男たち）が自分の財産から、［扶養するため］経費を出すためである。それで貞節な女は従順に、アッラーの守護

の下に［夫の］不在中を守る（4章34節）。

　中世と20世紀の注釈書を参照し、この章句の解釈の変遷を見てみましょう。マムルーク朝時代のウラマー、イブン・カスィール（1300年頃〜1373年）の注釈によれば、男性は女性の監督者であり、指導者であり、女性よりも立派で、女性を支配し、ゆがんだ性質をもつ女性の教育者となります。男性は女性より優れており、卓越しています。このように、イブン・カスィールは、男性の優位と夫婦間の主従関係を読み込みました[18]。

　一方、エジプトのムスリム同胞団のイデオローグ、サイイド・クトゥブ（1906〜1966年）の注釈書『コーランの陰で』によると、女性の務めは妊娠、出産、育児であり、男性の務めは、彼女を守り、必要なものを与えることです。このように神は男女それぞれに役割と恩恵を与え、そ

図7　ムスリム同胞団の機関紙『ダアワ』の表紙に掲載されたサイイド・クトゥブ（西野正巳氏所蔵、撮影）

の一つとして男性を女性の保護者、扶養者としたとしています[19]。クトゥブは、前近代の解釈者のように、男性が女性より優れているといったことは述べていません。しかし男女にはそれぞれにふさわしい役割分担があるとしています。

　アフリカ系アメリカ人でフェミニストのアミナ・ワドゥード（1952年〜）の解釈では、男女同等論が展開されています。ワドゥードは、クトゥブの解釈を引用しつつ、それは現実とかみ合わないとします。夫の収入だけでは十分な生活が送れない場合や、夫婦が不妊の場合などがあるからです。家族、ひいては社会のなかでの役割が男女で必ず決まっているわけではありません。そしてクトゥブの解釈の前提である「男女」という枠組みの代わりに、人間［あるいは個人］という枠組みを用いて、性別にかかわらず、人はそれぞれに固有の重要な役割をもつと論じました[20]。

　ワドゥードのようなフェミニストの解釈もありますが、あまり支持を得ておらず、多くのムスリム男女は、男女の役割分担に賛成しているようです[21]。ただし近年は、サウジアラビア等の保守的な国においても、女性が起業したり外で働くなど、活躍する場が増えています[22]。

　次に、男性の権利と女性の権利を分けているイスラーム教徒たちの人権解釈と、男女同権をうたう西洋の人権とを対比させながら、西洋の人権に対するイスラーム側からの批判を紹介します。

　サウジアラビアのウラマー、ムハンマド・サーリフ・ムナッジドが監修するファトワー提供ウェブサイト、Islam Q&Aのなかから、西洋の人権団体に関するファトワー（2007年4月13日付、回答者不明）を見てみましょう。このファトワーでは、欧米の人権団体が人間の尊厳を守ろうとする姿勢そのものは批判されていませんが、一人ひとりが男女関係なく自分らしく生きるという権利を守ろうとしていることが批判されて

います。ファトワーによると、ヨーロッパの「人権」団体は、表向きには抑圧された人々を支援していますが、実は家庭を破壊するという役割を果たしており、イスラーム法の規則に反対しているとされます。これらの団体は、どんなによこしまなことであっても、人間は自分のしたいことができるべきだとし[23]、女性や同性愛者（次節で詳述）の権利拡大、宗教的逸脱を支持しているというのです[24]。

　このファトワーでは、世界人権宣言に述べられている人間一人ひとりが平等にもつとされる権利はほとんど認められていません[25]。男女同等の権利を認めないこのような主張は欧米の人権団体から批判されていますが、現代のウラマーから見れば人権団体の主張は神の命令とは異なっており、ヨーロッパ人の生活は堕落したものだと考えられているのです。自分のことは自分で決め、自分らしく生きるという西洋由来の自己決定権は、イスラームにおいては、イスラーム法の範囲内で認められ、男女の区別をわきまえなければいけません[26]。自己決定権という考えは、欧米や日本の生命倫理にも影響を与えています。

　最後に、コーラン解釈の二つの方向性——伝統的解釈とリベラルな解釈——について触れておきます。

　コーランを神の言葉ではなくムハンマドの言葉と仮定すると（非ムスリムの立場）、コーランを７世紀のアラビア半島という時間と空間のなかで生じた言葉としてとらえ、歴史的・社会的背景を考慮して理解することができるようになります。それに対してコーランを神の言葉と仮定すると（伝統的なムスリムの立場）、歴史的・社会的背景をほとんど考慮せず、現代的な意味を再考することもなく、ただその言葉を鵜呑みにすることにつながりかねません。これら二つの認識の流れは交わることがないように見えますが、実はこれまで何人かのリベラルと形容される

ムスリム学者たちが、コーランを歴史的文脈のなかでとらえようと試みてきました[27]。

現代のリベラルな解釈は伝統的解釈[28]を乗り越えようとする新しい解釈です。先に述べたワドゥードの解釈も、男性優位の伝統的解釈をジェンダー平等の立場から乗り越えようとした新しい解釈と言えるでしょう。このように大まかに言うと、現在、伝統的解釈とリベラルなコーラン解釈がありますが、ジェンダーや人権問題に関して多くのムスリムの支持を得ているのは伝統的解釈のほうです[29]。

(3) 性的マイノリティ

イスラームでは男女の性別がはっきり分けられており、男性でも女性でもない曖昧な性は原則として認められていません。またユダヤ教、キリスト教の預言者でもある預言者ロト（ルート）が遣わされた町[30]の民が神に滅ぼされたというコーランの文言（7章80-84節、11章77-83節、15章59-74節、26章161-173節、29章28-35節など）も根拠となり、同性愛者やトランスジェンダーといった存在も認められていません[31]。

まず、以下のようにコーランに記されている、預言者ロトがその民に述べたとされる言葉に関して、中世の注釈書を見てみましょう。

> あなたがたは、あなたがた以前のどの世でも、誰も行わなかった淫らなことをするのか。あなたがたは、情欲のため女でなくて男に赴く。いやあなたがたは、途方もない人びとである（7章80-81節）。

マムルーク朝時代のジャラールッディーン・マハッリー（1389〜1459年）とジャラールッディーン・スユーティー（1445〜1505年）による『ジャラーラインの注釈書』の解釈では「淫らなこと」を「男色」とし、「途方もない人びと」とは「ハラール［許されたもの］を超えてハラー

ム［禁じられたもの］を犯す者」と解釈されており、男性間の同性愛は禁止であるとされています[32]。

図8 コーラン注釈書。中央にコーランの文言が記され、欄外に注釈が書き込まれている
（マスカト、オマーン遺産文化省内博物館所蔵、菊地達也氏撮影）

次にIslam Q&Aを参照して、現代のファトワー「イスラームが同性愛を禁じているのはなぜですか？」（2009年4月4日付、回答者ムハンマド・サーリフ・ムナッジド）を見てみましょう。

このファトワーでは「人間は、神が人間に創造した本性に従って生きるよう命じられており、男性は女性に、女性は男性に惹かれるという本性がある。しかし、同性愛者は神の命じた本性に逆らっており、同性愛や同性愛行為は病気や家庭の崩壊をもたらす」としています。そして、ロトの民が罰せられたというコーランの複数の章句を挙げており、伝統的な解釈を踏襲しています[33]。同性愛者は、神が創造した本性に自分の意志によって反しており、罰に値するとされているのです。

しかし、現代では欧米や南アフリカなど、中東以外の地域を中心に、リベラルなコーラン解釈も行われています。自身もゲイである大学教員のクーグルが2005年、ケープタウンでの同性愛者の集まりで聞き取った、ムフスィン・ヘンドリックス[34]とダーイー・アブドゥッラー[35]による、授かる子どもの性別に関する章句に対するリベラルなコーラン解釈を見てみましょう。

> かれは、御望みの者に女児を授け、また御望みの者に男児を授けられる。また男と女を混ぜ［て授け］、また御望みの者を不妊になされる（42章49-50節）。

この章句は、二人の解釈によれば、神の意志によって創造されたものとしての、すべての起こりうるジェンダーとセクシュアリティ（性のあり方）の交差について述べていると考えられます。「御望みの者に女児を授け、また御望みの者に男児を授けられる」とは一般的な男性と女性のことであり、異性同士の交渉によって出産に至ります。「男と女を混ぜて」とは一人の人物のなかに男性と女性が接合しており、トランスジェンダー、両性具有者といった性が曖昧な人たちを指し、「不妊」とは出産には結びつかないゲイ、レズビアンを指します[36]。

このように、今まで見過ごされてきたコーランの章句を、同性愛者の視点から新たに解釈することにより、ゲイ、レズビアン、トランスジェンダーも神によって認められているというのです。またロトの民に関するコーラン解釈について、ダーイー・アブドゥッラーは、ロトの民は同性愛行為によって神に滅ぼされたのではなく、ロトの客人を集団で暴行しようとしたからであるとしています。これらは伝統的解釈にはなかった、新しい独創的な解釈と言えるでしょう。ただし以上のようなリベラルな解釈は、欧米や南アフリカなどLGBTの権利が認められている国に

住むムスリムだからこそ可能なのです。

　そしてリベラルな解釈は、中東はもちろん、欧米においても、ムスリムの大きな支持を集めているわけではないようです。伝統的なコーラン解釈では、ロトの民は男色という非合法な行為をしたために神によって滅ぼされたのであり、同性愛は禁止であると考えられているからです。もちろん、ムスリム同性愛者への迫害には反対だけれども、同性愛を認めるような新たな解釈にも賛成できないという中間的な見解もあります。

　最後に、同性愛者に対する迫害や刑罰について触れておきましょう。古典イスラーム法では、婚姻外の性交渉に対して姦通罪の刑罰があり、既婚者の姦通罪には石打ちによる死刑、未婚者にはむち打ち刑が科されます。それでは、同性愛者に対してはどのような刑罰が科されるべきか、姦通罪と同等とすべきかといったウラマーの議論が行われてきました。現在でもイスラーム世界、とくに中東では同性愛者は迫害されており、死刑や禁固刑を含む刑罰が科されうる国も存在します[37]。

　迫害されている性的マイノリティのムスリムのなかには、欧米に亡命し、難民認定を受けている人もいて、亡命を援助するNGOもあります。たとえば、イランで迫害を受けたためトルコに避難し、その後カナダに亡命したアーシャム・パルスィー（1980年〜）は、「クィア難民のための国際鉄道」（IRQR：International Railroad for Queer Refugees）という救済NGOを創設しました。

第3章　避妊と中絶——初期胚の問題

(1) イスラームにおける胚の形成過程

　本章では、生命倫理の諸問題のなかでも避妊と中絶、そして中絶に関連してES細胞（後述）の議論を取り上げます。日本では、避妊は一般に行われており、また母体保護法により妊娠22週目までの中絶は容認されています。なおカトリックでは、避妊と中絶は認められていません。

　まず、人間の発生について、イスラーム教徒はどのように考えてきたのかについて見てみましょう。胚発生生物の発生過程においては、精子が卵子に侵入すると受精卵ができ、受精卵は細胞分裂を繰り返しながら胚盤胞、胚芽、胎児へと変化します。しかし預言者ムハンマドの時代には、まだ受精卵から胚が形成されるという概念はありませんでした。

　コーランには、人間の形成過程について、泥（土）の精髄から凝血、肉塊など七つの段階を経て胎児になるとして、以下のように述べられています。

> われ（神）は泥の精髄から人間を創った。次に、われはかれを精液の一滴として、堅固な住みかに納めた。それからわれは、その精滴を一つの血の塊に創り、次にその塊から肉塊を創り、次いでその肉塊から骨を創り、次に肉でその骨を覆い、それからかれをほかの生命体に創り上げた（23章12-14節）。

　このように母胎内の存在は、1）泥の精髄、2）精液の一滴、3）血の塊、4）肉塊、5）骨、6）肉、7）生命体という七つの過程を経て、段階的に形成されていきます。

　さらにコーランには、精液から成長した母胎内の存在は魂を吹き込ま

れ、人間になると述べられています。

> かれ（神）は、いやしい水［精液］の精からその後継者を創られ、それからかれ［人間］を均整にし、かれの聖霊を吹き込まれた（32章8-9節）。

> われが、かれ［人間］を形作り、それに霊を吹き込んだならば、あなたがた（天使たち）は伏してかれにサジダ（跪拝）しなさい（38章72節）。

入魂の時期については、コーランには述べられていませんが、ハディースには以下のように書かれています。

> あなたがたの誰でもそうだが、母親の体内で、40日間でその組織が集められ、その後同様の日数で凝血となる。それから同様にして肉塊となる。そして天使が遣わされて、それに魂を吹き込む[38]。

このように、受精から最初の40日で精液が集められ、次の40日で凝血、さらに次の40日で小さな肉塊になり、天使がそれに魂を吹き込むと考えられます。つまり120日目に肉塊に魂が吹き込まれ、母胎内の存在は人間になるのです。この120日（または40日、80日）という日数は、中絶や、受精卵の破壊を伴うES細胞の議論において、ウラマーが依拠する日数であり、大変重要なものとなります。

医学者、哲学者として有名なイブン・スィーナー（980〜1037年）は『医学典範』において、チーズが凝乳素と牛乳から生成するように、男性の精液によって凝固が始まり、女性の精液（経血）が牛乳のように形を受け止め凝固するとしています[39]。またガザーリーも「婚姻作法の書」において、精液と経血が混ざり、胚が形成されると述べています[40]。夫婦二人の体液によって胚が生成し、それに魂が吹き込まれるとされるのです。

（2）避妊に関する議論

コーランには、避妊の是非については述べられていませんが、ムハンマドがそれを認めていたという伝承があります。

> （教友の）ジャービル（607～697年）はこう伝えている。「私たちは、アッラーのみ使いがご在世の頃、アズル（避妊の一種）[41]を行っていた。」[42]

ほかにも、避妊について相談に来た男性に対し、ムハンマドが「もしよければアズルをしなさい。ただアッラーが彼女に運命づけたことは避けられません」と述べたというハディースもあります[43]。そのため、多くのウラマーは正当な理由があれば避妊を容認しているのです。

ただし、ムハンマドが「あれ（アズル）は、生きている子を秘かに埋める[44]のと同じです」と述べたというハディースがあります[45]。また教友のイブン・アッバース（620年頃～687/8年）が、「アズルは小さな生き埋めである。それによって存在が妨げられたものは、生き埋められし小さき者である」と言ったという伝承もあります。これらを根拠に、避妊に反対する意見もあります。

それに対し、ガザーリーは「婚姻作法の書」において、避妊は許容されるとして、以下のように説明しています。

> （ブハーリーとムスリムの）二つの『真正集』のなかにも、アズルの合法性に関する真正なハディースがある。また「隠れた生き埋め」とは忌避されるという意味であり、非合法という意味ではない[46]。

さらにガザーリーは、「七つの段階を経た後でなければ、彼女は生き埋めにならない」というアリー（第4代正統カリフ）の言葉を引用し、避妊は嬰児殺しとは違うとして反論しています。

次に、エジプトのアズハル機構[47]総長を務めたウラマーのファトワー

を中心に、現代のウラマーによる避妊の議論を見てみましょう。マフムード・シャルトゥート（在任1958～63年）は、以下のように避妊に反対しています。

> 子どもを作ることへの関心を親たちはイスラーム共同体と共有している[48]。……ガザーリー（シャーフィイー学派）のように無条件に避妊を認めたり、ハナフィー学派のように夫婦の合意があれば認めたりするのは、イスラーム共同体に対する権利の侵害である[49]。

1950年代のエジプトでは、家族計画を政策として推進する条件は整っていませんでした。しかし人口爆発[50]の続いたエジプトでは、避妊を認めるようになっていきます。その際、従来批判されてきたガザーリーの「妻の美を保つという理由だけでも避妊は可」とする説が新聞『アハラーム』紙（1975年4月25日付）に掲載され、ガザーリーの主張は家族計画をめぐるウラマーの議論に頻出するようになりました[51]。

図9　カイロのアズハル・モスク（**筆者撮影**）

後にアズハル機構総長を務めることになるガードゥルハック（ジャードゥルハック）（在任1982～96年）のファトワー（1979年2月11日付）では、避妊は容認されています。ガードゥルハックは、避妊を禁止する規定はコーランには存在しないものの、ハディースには合法とするものと、禁じているように見えるものの両方があるとしてから、ガザーリーの「婚姻作法の書」における避妊を可とする箇所を引用します。そして、避妊は可と結論づけているのです[52]。
　イスラーム教徒の人口を増やすことが神の意志ではありますが、エジプトにおける人口爆発への対応という時代の要請によって、ファトワーの内容も変わっていった事例と言えるでしょう。

（3）中絶とES細胞に関する議論

　次に中絶の議論を見てみましょう。中絶については、母胎内の存在（胚）はいつから人間になるのか、という点が問題になります。先述したように、ハディースには、受精してから最初の40日に凝血になり、次の40日で肉塊となり、次の40日に天使がそれに魂を吹き込むと述べられており、120日目に入魂が行われ、胚は人間になるとされます。その結果、前近代においても現代においても、多くのウラマーは受精120日より前の中絶については、やむを得ない理由があれば、胚はまだ人間ではないのでそれを容認しているのです。
　ただし、入魂の時期を40日、80日とする見解や、いかなる場合も中絶は禁止という見解もあります。また、中絶が許されるやむを得ない理由についても見解が分かれています。ガザーリーは、避妊の議論のなかで、避妊は許されるが、中絶は胎児に対する暴力であるとして許されないとしています。

すべての法学者が一致している点は、120日を過ぎた場合の中絶は、母体にいのちの危険がある場合以外は認められない、ということです。マフムード・シャルトゥートは、「入魂後の中絶は、禁止であり犯罪である。……しかし、母親にいのちの危険があり、中絶以外に救うことができない場合、中絶は義務である」と述べています。母親は家族の柱であり、責任があるからです[53]。

　一方、入魂前の中絶については意見が分かれています。ガードゥルハックは、法学派によって違いがあるとしながら以下のように述べています。

> 受精から120日以内の中絶について、ハナフィー学派はこれを合法とするが、正当な理由がない場合は忌避される。シャーフィー学派にはハナフィー学派に同意する者もいるが、ガザーリーなどは意見を異にする。シーア派のザイド派[54]は無条件に合法とし、ザーヒル学派（初期に滅んだ法学派）とマーリク学派は禁止するが、ハンバル学派には40日以内なら合法とする者もいる。ウラマーは、以下のことで合意している。受精から4か月を過ぎた後の中絶は殺人であり、母親にいのちの危険があると医師が判断した場合以外は禁止である。「根は枝よりも価値がある」という法原則に基づき、母親のいのちは子どものいのちよりも優先される[55]。

　このように、入魂前の中絶については、法学派、法学者によって見解が異なりますが、概して受精から120日目までは許容されています。そして、入魂後の中絶は母親を救うため以外には禁止であるという点で、ウラマーの見解は一致しています。

　中絶と関連して、初期胚に関する生命倫理の問題として、ES細胞（Embryonic Stem Cell, 胚性幹細胞）[56]の作成の可否が挙げられます[57]。

ES細胞とは、受精後14日以内の初期胚（受精卵）を破壊して作られる未分化の幹細胞のことで、再生医療に用いられます。再生医療とは、病気になった臓器に、ES細胞やiPS細胞といった未分化の幹細胞を目的の細胞や組織に培養したものを移植することにより、破壊された臓器を再生する（補う）というものです。

　受精卵から幹細胞を取り出し、未分化の状態で培養すると、この幹細胞を特定の組織に分化させることができます。ただ、免疫的問題として、患者にとっては他人の細胞であるため、拒絶反応が起きてしまいます。また倫理的問題としては、本来子宮に戻せば人間になっていくはずの受精卵を破壊してしまうことが挙げられます。ES細胞を作成するためには、体外受精の際に複数作成した受精卵のうち、子宮に戻さずに廃棄される予定の余剰受精卵を破壊する必要があるからです。

　ES細胞をめぐる倫理的な議論は、中絶の議論と同様に、胚はいつから人間になるのかという問題に帰着します。多くの法学者は入魂のハディースを根拠に、受精から120日より前であればまだ入魂は行われていないため、ES細胞の作成は容認されるとしています。

　アメリカ合衆国連邦政府生命倫理諮問委員会の報告書『胚性幹細胞研究の倫理的問題』第3集「宗教的視座」（2000年）[58]を見てみましょう。この報告書は、アメリカ政府がES細胞の作成のために税金を投入してよいのか、という問題を議論するために宗教者の見解を集めたものです。民間の資金ではES細胞は作成されているのですが、公費を投入するには国民的議論が必要なのです。

　この報告書には、ムスリム研究者としてアブドゥルアズィーズ・サチェディーナ（1942年〜）[59]がレポートを寄稿しています。サチェディーナは、入魂の時期を根拠にES細胞作成を認め、人間の健康を改善する

ためには、人間は神とともに、初期胚を含む自然へ介入することは可能だとしています。

　なおこの報告書には、サチェディーナのほかに、3人のユダヤ教のラビ、6人のキリスト教の聖職者も寄稿しています。ユダヤ教では、受精後40日までは胚は水のようなものであるというタルムード（口伝律法）に基づき、ES細胞の作成は容認されています。キリスト教では、カトリック、ギリシア正教会、福音派のプロテスタントは、受精した瞬間から受精卵は人間となるという考えに基づき、ES細胞の作成に反対しています。一方、リベラルなプロテスタントは、胚はまだ人間ではないとして作成に賛成しています[60]。

　ES細胞は、反対意見もあるなかで実際には作成されています。受精卵を壊す・壊さないという議論だけではなく、ES細胞、iPS細胞、ゲノム編集といった生命科学の研究によって、人間のあり方や生命環境がどのように変わっていくのかを考えていく必要があるでしょう[61]。

第4章 生殖補助医療

(1) スンナ派の見解

　前章までの避妊と中絶の議論についてはスンナ派もシーア派も大差ありませんが、生殖補助医療については、夫婦以外の第三者から配偶子（精子と卵子）の提供を受けることの可否においてスンナ派とシーア派では違いが見られます。なお日本では、第三者からの提供配偶子による生殖補助医療が認められていますが、提供卵子については日本生殖補助医療標準化機関倫理委員会の承認が必要です。またカトリックでは、夫婦間であっても人工授精、体外受精は認められていません[62]。

　先に述べたように、イスラームの教義では信徒を増やすために結婚して子どもを産むことが奨励されています。またムスリムは男女とも結婚して親となって一人前という考え方が根強く、子どもができないことは非常に深刻な問題です。生殖補助医療について、コーランやハディースに確定的な根拠は見当たらないのですが、関連する以下のような文言を前提にして、法学者は回答を与えています。

　　かれ（神）こそは、水から人間を創り、血統による親族と婚姻の関係を定められた方（25章54節）。

　　かれはあなたがたの養子を、あなたがたの実子ともなされない（33章4節）。

　　母はかれらを生んだ者以外にはないのである（58章2節）。

　このように、家族の血縁関係に混乱があってはならないとされ、養子縁組も禁止されているのです。

　1980年3月23日、後にアズハル機構総長となるガードゥルハック（本

書第3章で既出)が、生殖補助医療に関するファトワーを発しました。エジプト・ファトワー庁[63]から出されたこのファトワーが、イスラーム世界で初めて人工授精、体外受精について述べたものです。それによれば、夫婦間の人工授精、体外受精は合法ですが、代理懐胎は非合法です。また精子や卵子の提供者が入る余地もありません。あくまでも夫婦間のみの人工受胎(人工授精と体外受精)が許可され、血縁関係が重視されています。また、たとえ身体的接触がなくても夫婦以外の精子と卵子が結合すれば姦通とみなされるため、夫婦間の人工受胎に限ることにより、姦通が防止されているのです。

ガードゥルハックのファトワーを詳しく見てみましょう。彼は、人工受胎の可能性を、以下のように列挙しています。

1) 婚姻期間中の夫婦が、夫の精子を人工的に妻の子宮に移す。
2) 無精子または不妊の夫の場合、第三者の精子を、妻の子宮に移す。
3) 夫の精子をほかの女性の卵子に受精させ、卵子をもたない妻の子宮に受精卵を移す。
4) 妻の卵子と夫の精子を体外受精させて、受精卵を妻の子宮に移す。

ガードゥルハックは、それぞれのケースを検討しています。

1) の場合は、多くの法学者たちに認められています。しかし、この移植が結婚した夫婦の間だけでなければ、姦通となります。

2) と3) の場合は、イスラーム法では受け入れられません。というのは、婚姻契約と血縁関係を破ることになるからです。

4) の場合は、一般的な試験管ベビーの方法であり、多くの法学者は、夫の精子と妻の卵子の場合に限り、この技術を認めています。しかしそのほかの組み合わせは許されません[64]。

以上、ガードゥルハックによるスンナ派の人工受胎の議論を検討して

きましたが、人工授精であれ、体外受精であれ、夫婦間の精子と卵子を用いることが条件でした。第三者の配偶子を使用することは、姦通と同様であり、禁止されています。また体外受精の場合は、受精卵は妻の子宮に戻さなければなりません[65]。

　もちろん、スンナ派には人工授精、体外受精に否定的な見解もあります。アズハル機構元総長のアブドゥルハリーム・マフムード（在任1973～78年）のファトワーでは、自然な方法による受胎を尊重するため、人工授精を禁止しています。またサウジアラビアのムハンマド・イブン・サーリフ・ウサイミーン（1929～2001年）は、夫婦間の配偶子に限って体外受精を認めつつも、人工受胎は自然な方法ではないこと、医師が配偶子を取り違える可能性もあることなどを理由として、慎重なファトワーを発しています[66]。

　一方、高度な生殖補助医療を受けることのできない信徒のなかには、「主よ、あなたの御許から、無垢の後継ぎをわたしに御授け下さい（3章38節）」、「主よ、心の慰めとなる妻と子孫をわたしたちに与え、主を畏れる者の模範にして下さい（25章74節）」といったコーランの文言を唱え、神に子どもを授けてくれるように祈願するなどの伝統的な方法を行う者もいます。

（2）シーア派の見解

　次に、シーア派の見解を見てみましょう。シーア派とは、第4代正統カリフのアリー（在位656～661年）[67]とその子孫こそがイスラーム共同体の指導者だとする人々で、シーア派のなかでも12イマーム派という宗派がイランの国教となっています[68]。シーア派には12イマーム派以外にもいくつかの宗派がありますが、ここでは主に12イマーム派を取り上げ

ます。
　ガードゥルハックのファトワーが発出されてから、多くのシーア派も、スンナ派と同様に夫婦間の人工受胎による生殖補助医療のみを認めてきました。しかし1999年、イランの第2代最高指導者で法学者のアリー・ハーメネイー（在任1989年〜）は、第三者の配偶子を用いた人工受胎を認めるファトワーを発出したのです。
　そのファトワーによると、まずハーメネイーは夫婦間の受精卵のみならず、夫の精子と提供卵子を用いた体外受精を認めています[69]。さらに彼は、以下のように、妻の卵子と提供精子を用いた人工受胎も認めています。

　　質問：夫が不妊の場合、夫以外の男性の精子を人工的に妻の子宮に入れて、授精させることは可能ですか？
　　回答：夫以外の精子によって妻が受精することは、それ自体としては、イスラーム法的に問題はない。しかし、見たり触れたりといった禁忌を避ける義務がある[70]。

　イスラームでは父系血統が非常に重視されるので、提供精子を認めているハーメネイーのファトワーは少数意見と言えます。またハーメネイーは夫婦以外の精子と卵子の結合を姦通とみなしていないので、妻は精子提供者と一時婚（婚姻契約時に婚姻終了日を定めた結婚。本書第2章参照）をすることなく、提供精子を用いて人工受胎を行うことが許されます。
　さらにハーメネイーは代理懐胎も認めており[71]、イランの合計特殊出生率が低下するなかで、あらゆる手段を認めているように見えます。グラフを見ながらその理由を考えてみましょう。

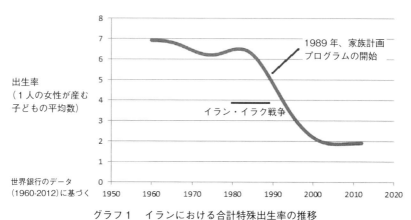

グラフ1　イランにおける合計特殊出生率の推移
http://iranprimer.usip.org/blog/2014/aug/13/baby-boom-baby-shortage より作成

　1979年のイラン革命後、未来への期待感が「大きな家族の形成」を促し、人口が増えていきました。1980年から1988年にかけてのイラン・イラク戦争の際、イラン側は約30万人を失い、「産めよ、増やせよ」の政策を推し進めていきます。しかし戦後、国家経済が低迷し、若年人口の増大に見合った雇用が生み出せないとの懸念が生じたため、人口を減らす必要が出てきました。そこで1989年に家族計画を導入し、「少なく産んで、豊かに暮らそう」を標語にしたキャンペーンを展開しました。しかし今度は出生率が先進国並みに下がってしまい、人口を増やすように政策転換をしなければならなくなったのです[72]。

　ハーメネイーが第三者の提供配偶子を容認したのは、彼がリベラルな思想のもち主だからでも、イスラーム法の知識を欠いていたからでもなく、不妊という問題を近代的医療技術により解決しようという実務者としての現実主義的な判断が関係している可能性があります[73]。

　一方、イラクを拠点とするシーア派（12イマーム派）のマルジャア・

アッ＝タクリード（最高位の法学者）[74]、アリー・スィースターニー（1930年〜）のファトワーは、スンナ派とハーメネイーとの中間に位置づけられるものです。スィースターニーは、夫婦間の人工受胎のみならず、提供卵子を認めていますが、提供精子は認めていません[75]。

表1　スンナ派とシーア派における配偶子の組み合わせの可否

	夫婦の精子と卵子	夫の精子と提供卵子	提供精子と妻の卵子
スンナ派、多くのシーア派	○	×	×
一部のシーア派（ハーメネイー等）	○	○	○
一部のシーア派（スィースターニー等）	○	○	×

　ハーメネイーもスィースターニーも、提供配偶子を用いる体外受精を姦通とはみなしていませんが、精子と卵子の結合のレベルでも姦通とみなすウラマーもいます。精子と卵子の結合を姦通とみなす12イマーム派のシーア派では、姦通を避けるために、夫は卵子提供者の女性と一時婚を行う必要があります。一時婚を行う際、夫は離婚する必要はありませんが、妻は一度離婚したうえで、精子提供者の男性と一時婚をして、受胎終了後に離婚し、元夫と再婚する必要があります。
　またイランでは、胚提供に関する法案が2003年7月に国会で承認され、10日後に監督者評議会（護憲評議会）による承認を得て「不妊夫婦に対する胚提供の方法に関する法」が成立しました[76]。
　この法律によると、卵子提供は、夫が提供者の女性と一時婚をすれば

許されますが、精子提供は禁止です。この法律に強制力はないので、一部の生殖補助医療を行う医師は、イランでもレバノンでも、ハーメネイーのファトワーを利用していると言われています[77]。

またこの法律では、ほかの夫婦からの胚の提供が認められています。提供胚は不妊夫婦の妻の子宮に入れられ、妻が子どもを出産しますが、シーア派では、子どもは精子と卵子の提供者のものになるため、依頼した夫婦は父親と母親になれません[78]。このままでは胚を提供した夫婦が父親と母親になってしまいますが、実際は、イラン革命前に制定された養子縁組に関する法とその改正法（2013年）で養子縁組が認められており、いくつかの条件を満たせば、不妊のイラン人夫婦は保護者のいない子どもを養子として引き取ることができるのです[79]。

以上のように、ウラマーたちの間に生殖補助医療に関する一致した見解はありません。姦通の回避と親子の血縁関係の両方を条件とする立場においては、夫婦間であれば人工受胎はおおむね許されています[80]。一方、姦通を回避すれば親子の血縁関係がなくても容認されるとする立場においては、夫婦間でなくても人工受胎は許されます。その場合でも、提供精子、提供卵子、代理懐胎まで認める立場から、提供卵子による人工受胎のみを認める立場まで、さまざまです。夫婦間の人工受胎に限定せず、非配偶者の配偶子を用いた生殖補助医療を許容する一部のシーア派は、スンナ派よりも柔軟な解釈をしていると言えるでしょう。

（3）出生前診断

出生前診断も新しい技術ですが、多くの法学者は、出生前診断自体は許されるとしています。そして診断を受けて胎児に深刻な異常があることが確定した場合、子どもを産み育てることが神の意志としたうえで、

やむを得ない理由があり、入魂前であれば中絶も容認しています。

　まずイスラームにおいて出生前診断は許されるのか、またもし胎児に深刻な異常があることが確定した場合、中絶は許されるのかについて、Islam Q&Aに掲載されているファトワー「妊娠中のスクリーニング検査について」（2000年11月20日付、回答者ムハンマド・サーリフ・ムナッジド）を見てみましょう。

> それ（検査）は許される。しかし中絶に関しては、以下の条件下で許可するウラマーもいる。
> 1）まだ胎児に霊魂が入っていないこと。つまり受精から4か月以内であること。
> 2）そうするべき必然的な理由があること。妊娠中に発見された異常や障害、もしくは母親のいのちの危険である。しかし同時に、もし忍耐し、神を信頼できるなら、その人にとってそのほうが神のもとにおいてはよい[81]。

　まずこのファトワーでは、聖典上の根拠は示されていませんが、出生前診断自体はイスラーム法的に合法であることが確認されています。次に、深刻な障害がある場合、中絶することは可能とするウラマーもいますが、1）入魂前（受精から120日まで）であることと、2）深刻な障害があること、母親のいのちの危険といった正当な理由があることが条件です。ただし具体的な疾患名については示されていません。続いてこのファトワーには、以下のように述べられています。

> しかし、以下のことを心に留めることが重要である。医師は報告を間違えるかもしれないし、検査の結果はしばしば不正確である。だから我々は、そのような検査結果に基づいて中絶という深刻な決定を下すのには慎重であるべきである。新生児の欠陥は、後に埋め合

わせられるかもしれないし、障害は取り除かれ、健康に生まれるかもしれない。もし胎児が障害をもって生まれると確信するなら、それに忍耐をもって耐え、子どもをケアすることによって神からの報酬を求めるならば、神のもとで無視されることはないし、無駄にはならないだろう。

　以上のように、出生前診断自体は入魂前でも入魂後でも許されています。また胎児に深刻な障害がある場合、入魂前であれば中絶も許されています。しかしながら、検査結果はもしかすると間違いかもしれないとしており、また忍耐をもって子どもをケアするなら、神からの報酬が得られるかもしれないとも述べています。このファトワーでは、神を信頼して、出生前診断の結果、深刻な先天性疾患が確定したとしても慎重に判断すべきだとしているのです。

　シーア派のハーメネイーは、入魂前でも障害をもつ胎児の中絶は禁止としながらも、胎児が遺伝性疾患をもつ場合は例外的な中絶を認めるファトワーを発しました[82]。さらにハーメネイーのファトワーに続き、イランでは2005年に「治療的人工妊娠中絶法」が成立しました。その法では、胎児の「発達遅滞」と「異常」による母親の「耐えられない苦痛」を条件とする中絶が許可されています[83]。

　つまりイランでは、中絶可能な理由を遺伝性疾患に限定しないスンナ派のファトワーと同様の状態と言えるでしょう。ただし、スンナ派のファトワーでは障害があるとしても子どもを産み育てることが推奨されており、一方、シーア派のファトワーは回答が非常に簡潔で、障害児を育てることを推奨するような文言は、管見の限り見当たりませんでした。

第 5 章　死と終末期医療

（1）イスラームにおける死

　コーランとハディースによれば、人間の死とは、死の天使（イズラーイール）によって、肉体から霊魂が引き抜かれることです。たとえばコーランには、以下のように述べられています。

　　これらの不義の徒が、末期の痛苦のなかで、天使たちが手を差し出して、「あなたがたの魂を渡せ。あなたがたは……恥ずべき懲罰をいただくのだ」と言う時の姿をあなた［ムハンマド］に見せてやりたいものである（6章93節）。

　　アッラーは［人間が］死ぬとその魂を召され、また死なない者も、睡眠の間［それを召し］、かれが死の宣告をなされた者の魂は、そのままに引き留め、そのほかのものは定められた時刻に送り返される（39章42節）。

　またハディースにも「ある人のところに死の天使が来てその魂を取り上げようとし、……」[84]と述べられています。

　ムスリムは危篤状態になるとメッカのほうに病人の顔を向け、周囲が信仰告白の言葉を唱えます。死後、遺体は同性の近親者によって湯灌して清められ、生成りの白い無地の布に包まれ、棺に納められます。その後男性親族や友人が棺を担いで、葬列を組んで墓地に向けて徒歩で出発します。途中のモスクなどで葬儀礼拝を行い、弔問客の挨拶を受けます。遺体は右脇腹を下にして顔をメッカの方角に向けて土葬されます。人間は土から創られたとされ、死に際して再び土に返すために土葬とするのです。ムスリムが葬儀の際に火葬を忌み嫌うのは、コーランに「や

がてかれ(人間)を死なせて墓地に埋め、それから御望みのときに、かれをよみがえらせる(80章21-22節)」と述べられており、また火葬は地獄の業火を連想させるからです。

図10　シーア派の宗教行事にて棺を担いで運ぶ人々。
インドのハイデラバードにて(飯塚正人氏撮影)

　死後、人間は終末の日まで墓に眠ることになります。イスラームの教義には、輪廻転生という考え方はありません。コーランには、死んでから復活するまでの墓のなかの様子は述べられていませんが、ハディースによると、死者は墓のなかでムンカルとナキールという天使に信仰について審問され、正しく答えられれば墓が広くなり、間違えると墓が狭くなり、罰を受けると言われています[85]。
　やがて天変地異が起きて終末の日が来ると、肉体と霊魂が合わさってすべての人間が復活し、最後の審判を受けることになります。そして生前の行いに応じて、天国か地獄に振り分けられるとされます。
　イスラームでは、死は恐れるべきものではなく、来世への通過点にすぎず、短い現世より長い来世(天国)での生のほうが大事だとされます。

お悔やみの言葉として「本当にわたしたちは、アッラーのもの。かれの御許にわたしたちは帰ります（2章156節）」という文言が述べられます。死は悲しいものではありますが、死後、天国で神に会えるという意味では、必ずしも悲しむ必要はないことだと見なされているのです。

図11　チュニジア、マフディーヤの墓地（菊地達也氏撮影）

　ムスリムが信じるべき信仰箇条（六信）[86]のなかに「神の予定」があるように、人間の寿命や運命は神によって定められているとされます。コーランには以下のように述べられています。

> かれ（神）こそは生命のないあなたがたに、生命を授けられた御方。それからあなたがたを死なせ、さらによみがえらせ、さらにまたかれの御許に帰らせられる御方（2章28節）。

> かれこそは、泥から、あなたがたを創り、次いで［生存の］期間を定められた方である。一定［の期間］が、かれの御許に定められている（6章2節）[87]。

図12　カイロ郊外にある聖者廟がひしめく墓地区、通称「死者の町」(筆者撮影)

　また以下の章句のように、いのちは神から与えられた非常に尊いものであり、それを破壊する殺人は禁止されています。

　　正当な理由による以外は、アッラーが尊いものとされた生命を奪ってはならない（17章33節）。

　　人を殺したとか、地上で悪を働いたとかという理由もなく人を殺す者は、全人類を殺したのと同じである。人の生命を救う者は、全人類の生命を救ったのと同じである（5章32節）。

自殺も以下のように禁止されています。

　　アッラーの道のために［あなたがたの授けられたものを］施しなさい。だが自分の手で自らを破滅に陥れてはならない（2章195節）。

　　あなたがた自身を、殺してはならない。誠にアッラーはあなたがたに慈悲深くあられる（4章29節）。

　また、死体を傷つけることも原則として禁止されています。ハディースでは「死体の骨を折ることは、罪において、生きている者の骨を折ることと同じである」[88]と言われているからです。

（2）脳死と臓器移植

　医療技術の発展に伴い、死や終末期に関する聖典解釈にも変化が見られます。心臓死（心拍停止、呼吸停止、瞳孔散大の三兆候）を死とする考えも根強いですが、近年では、脳死（脳幹を含めた脳すべての機能が不可逆的に回復不可能な段階まで低下した状態）は人間の死と認められるようになってきました。また臓器移植についても反対派と賛成派が存在しますが、1995年、エジプトで脳死と臓器移植を認めるファトワーが出され、賛否両論があるなか、臓器移植はイスラーム圏で行われています。日本においても脳死は認められ、臓器移植も行われていますが、死や死後の肉体をどのようにとらえるかという考え方がさまざまであるため、意見は割れていると言えるでしょう。カトリックでは、臓器の提供はイエスの十字架における愛の行為と同じ英雄的行為としてとくに称えられています[89]。

　まず、イスラームにおける人の死をめぐる議論をまとめましょう。脳死反対派の見解として、元アズハル総長のガードゥルハック（本書第3章、第4章で既出）のもの（1995年9月11日付『アハラーム』紙）があり、これは伝統的なウラマーの代表的な見解です。それによれば、身体のすべての機能の停止が現実となったときに死とみなされます。魂の離脱によって身体の機能すべてが停止し、呼吸、脈拍、筋肉の緊張など生命の現象が終わります。したがって心臓が鼓動している人間の肝臓の摘出は殺人とみなされます[90]。

　脳死賛成派の見解としては、元アズハル総長のタンターウィー（在任1996〜2010年）のものがあります（1995年8月4日付『アハラーム』紙）。タンターウィーは、脳死患者の遺体から、肝臓の移植を必要としている病人への移植を許容したファトワーを発しました。脳死は、専門医師数

人が判断した結果であり、たとえ心臓が鼓動していても、この鼓動は生命維持装置によって起こっていることであり、装置の停止によって、すべての器官が停止することになるとしたのです。すでに医療技術の進歩に応じた見解は1980年代半ばから出されています[91]。サウジアラビアでは、1989年に脳死を認めるファトワーが出され、これにより脳死状態の身体からの臓器移植の門が開きました[92]。

　イスラーム世界では臓器移植が長い間禁じられてきました。その理由は、人間の身体は神が創ったものであり、神の所有物とされるので、それを他人の身体に移すことはコーランの教えに反する可能性が高いからです。エジプトのテレビ説教師として著名なイスラーム法学者、ムハンマド・シャアラーウィー（1911～1998年）も同様の理由で、臓器移植の禁止を主張しました[93]。また先に述べたように、イスラーム法が遺体の切断や損壊を禁止していることも、ムスリムが臓器移植に反対する理由です。

　次に、臓器移植賛成派のファトワーを見てみましょう[94]。エジプト出身の法学者ユースフ・カラダーウィー（1926～2022年）[95]は、「アッラーがあなたがたに与えられた資財の一部をかれらに与えなさい（24章33節）」を引用し、財産と同様、神からの預かりものである身体を寄贈することは可能であるとしました。そしてイスラームの喜捨とは財産に限られず、臓器提供も含まれるとしています[96]。また先に述べたコーラン5章32節や「あなたがたが施すよいものは、みなあなたがた自身のためである（2章272節）」、さらに喜捨を勧めるハディース[97]を引用し、臓器移植を肯定しています[98]。

　エジプト議会は、2010年2月末、臓器移植法案を賛成多数で採択しました。1990年代半ばから、政府や医師組合が臓器移植の法制化を求めま

したが、1996年までアズハル総長だったガードゥルハックが反対し[99]、エジプト憲法はイスラームと矛盾する法律は認めないため、アズハル総長が反対すれば法制化は困難だったのです。しかし1996年に臓器移植に積極的なタンターウィーが総長に就任して、具体的な議論が始まりました。そして2009年春、アズハル機構のイスラーム研究アカデミー国際会議が臓器移植を認める声明を採択しました。その会議では脳死や臓器移植についてさまざまな意見が出されましたが、完全な死とは何かという判断を医師が作る委員会に委ねるとしました。こうして国際会議の最終声明では、実質的に脳死を認める方向に動きましたが、アズハル機構が脳死を人の死とするという宗教判断を避けたのは、エジプト国民に脳死への抵抗があり、法学者の意見も割れていることを示しています[100]。

このようにイスラーム圏においては、近年、イスラーム法学者の間で脳死に関しては賛否両論あるものの、しだいに脳死および脳死下での臓器移植が認められるようになってきました。しかし、自分の身体を他人のために役立てることは推奨されると主張する臓器移植賛成派も存在する一方、人間の身体は神が創ったものであり、人間の自由にはできないという臓器移植反対派も根強く存在し、意見が分かれている状態と言えるでしょう。

（3）安楽死と尊厳死（消極的安楽死）

広義の「安楽死」[101]とは回復の見込みのない患者を、苦痛を与えずに死に至らしめることです。安楽死にはいくつかの分類方法がありますが、1）苦痛緩和処置によって副次的に生命短縮がもたらされる間接的安楽死、2）生命延長処置を差し控える消極的安楽死、3）自殺幇助および積極的な致死手段によって生命を直接短縮する積極的安楽死と称さ

れる三分類は、多様な領域において広く使用されており、近年では積極的安楽死のみを安楽死と称することも多いです[102]。消極的安楽死（延命医療の不開始・中止）は尊厳死とも呼ばれます。多くの国では、消極的安楽死と間接的安楽死は臨床上適切な行為として問題にされません[103]。日本でも延命医療の中止は一定の要件のもとに許容しうるとして尊厳死を認める見解がありますが[104]、法制化はされておらず、医師は生命維持装置の取り外しには慎重です。

コーラン、ハディースには、延命医療や安楽死などについては明確には述べられていません。イスラームでは、寿命や運命はすべて神によって予定されているとされ、また自殺を禁止するコーランの文言があるため、自殺することはできません。ハディースにも「刃剣で割腹自殺した者は、地獄の火中でその刃剣を手にもって自らの腹を永久に刺し続ける者となるだろう」[105]と述べられており、苦しみから逃れるために自殺すれば、自殺したときと同じ手段で、地獄で苦しむとされています[106]。自殺だけでなく、苦痛に苦しむ他人を殺して楽にしてあげることもイスラーム法では禁止されています。慈悲殺（積極的安楽死）は殺人であり、また神の力を無視し、神の生死に対するコントロールに介入することになるからです[107]。

まず積極的安楽死について、エジプト・ファトワー庁の最高イスラーム法官[108]、アリー・ゴムア（アリー・ジュムア）（在任2003〜13年）によるファトワー（2007年10月3日付）を見てみましょう。

　　質問：耐え難い痛みを抱える患者が、医者にいのちを終わらせるように依頼する、あるいは医者が、患者は死亡する方がよいと判断する（積極的）安楽死に関する裁定について教えてください。

　　回答：神が個人に与えた肉体は、個人が望んで自由に扱える個人の

所有物ではない。むしろそれは、神から責任を託された委託物である。医師にいのちを終わらせるように依頼する患者は、自殺を図っているとみなされる。……（自殺を禁止するコーランの文言（2章195節）とハディース[109]の引用）……医師が正当だと考える理由で患者のいのちを絶つことに関して言えば、それは不法に人命を奪うことである。「信者を故意に殺害した者は、その応報は地獄で、かれは永遠にそのなかに住むであろう（コーラン4章93節）。」以上に基づき、質問で述べられた二つの形態の安楽死は許されない[110]。

ここでは、自殺や殺人を禁止するコーラン、ハディースの文言を根拠に、患者の依頼もしくは医師の判断による、肉体的苦痛をもつ患者の積極的安楽死が禁止されると述べられています。

次に消極的安楽死（尊厳死）についてですが、古典イスラーム法ではさまざまなケースの安楽死の区別はしておらず、一般的に、現代のファトワーでも積極的安楽死と消極的安楽死の区別をせず、それらを両方殺人であると非難しています[111]。しかし現代では、消極的安楽死は認められるという見解がウラマーの間に見られるようになってきています。

近年のウラマーの議論には、患者は尊厳のうちに死ぬ権利[112]があるという欧米の議論[113]の影響はあるのでしょうか。「人間の尊厳」という概念は前近代のイスラーム思想にはなかったもので、「尊厳」と訳されるアラビア語の「カラーマ」とは、人間が被造物のなかで特別扱いされることを意味します[114]。「本当にわれ（神）は、諸天と大地と山々に信託を申しつけた。だがそれらはそれを担うことを辞退し、かつそれについて恐れた。人間はそれを担った（コーラン33章72節）」という章句は、人間はほかの被造物が拒んだ神からの信託（アマーナ）を受け入れたとし、人間が特別な存在であることを示しています[115]。ただ、このように人間

が特別な存在であることを示す聖典の記述はあっても、西欧近代的な「人間の尊厳」概念はイスラーム世界には存在しなかったのです。

　欧米に由来する「人間の尊厳」といった概念をもち出すことなく、聖典の記述と来世観から消極的安楽死を許容しようとするウラマーもいます。カラダーウィーは消極的安楽死について、治療と投薬が義務であるか否かという観点から論じています。大多数の法学者は病気の治療は必ずしも義務ではないとし、義務であるとする法学者は少数派です[116]。治療は義務ではないとする人々は、ある女性が預言者ムハンマドに「私は病気で倒れそうです、私のことを神にお祈りください」と言ったところ、彼は「できれば我慢しなさい、そうすればあなたに天国が与えられよう」と言ったので、彼女は「私は我慢します」と述べたというハディース[117]を根拠とします。カラダーウィー自身は、「治癒が可能ならば治療は義務であるが、治癒の見込みがない場合は治療を中止することは許容される」とし、医師が脳死状態の患者の生命維持装置を取り外すことを容認しています[118]。カラダーウィーは、尊厳の概念なしに、ハディースに基づいてイスラーム独自の議論をしていると言えるでしょう[119]。

　さらに、重篤な病状の母親の人工呼吸器の取り外しに関するファトワー（Islam Q&A、2009年9月26日付、回答者不明）では、二つの法学者評議会の声明が紹介されています。

　ムスリム世界連盟のイスラーム法学評議会が第10回会議（1987年）で発した声明によれば、生命維持装置に繋がれた患者の脳機能が完全に停止し、経験豊かな3人の専門医からなる委員会が、脳の機能停止が不可逆的であると判断した場合、たとえ心臓が生命維持装置の助けを借りてまだ機械的に動いていたとしても、装置を取り外すことが許されます。またイスラーム会議機構[120]の法学評議会が第3回会議において発した声

明（1986年）によれば、すべての脳機能が完全に停止し、経験豊富な専門医が、これは不可逆的で脳に壊死が起こり始めていると判断した場合、たとえ心臓が生命維持装置の働きによってまだ機械的に動いていたとしても、患者から装置を外すことは正当化されます[121]。

なおこのファトワーでは、消極的安楽死が医師の判断だけで行われうるのか、患者のリヴィング・ウィル（生前の意志）や家族の同意が必要かどうかについては不明です。ただ、北米イスラーム協会の元会長ムザッミル・スィッディーキー（1943年〜）は、医師と患者の家族の同意があれば生命維持装置を取り外すことができるとしています。そしてリヴィング・ウィルについて、ムハンマドはムスリムに遺言書を準備するよう促していたとし、昏睡状態になった場合の医療についても遺言書で述べておくとよいとしています[122]。

コーラン、ハディースでは殺人と自殺が禁止されているため、積極的安楽死は医師による殺人や患者による自殺とみなされ、許されていません。一方、消極的安楽死に関する議論は、聖典に明確には述べられていません。しかし多くの法学者は、治癒の見込みがない病の治療は必ずしも義務ではないとしており、脳機能が停止したと医師が判断した人については、人工呼吸器等を外すことによって死に至らせるという消極的安楽死がおおむね容認されてきています[123]。

（4）看護と終末期医療

人生の終点に近づいた人々に、何をどのようにするのがよいかということを考え、実行するのが「ターミナルケア（終末期医療）」です。医師の役割は重要ですが、医師だけでは「ターミナルケア」はできません。対象となっているのは肉体や病気だけでなく、あらゆる面を含めた（全

図13　ガザーリー「死と死後の想起の書」（『宗教諸学の再興』所収）冒頭の17世紀の写本
　　　（ロンドン、大英図書館所蔵、筆者撮影）

人的な）人間だからです。そのためには、医師、看護師、宗教家、ケースワーカー等多くの人がチームを組んで対処する必要があります[124]。

終末期医療に関しては、病気で苦しんだ預言者ムハンマドを模範として、ムスリムは痛みに耐えるべきであるとされています。ムハンマドが苦しみに耐えていた様子を伝えるハディースを見てみましょう。

マスルークによると、（妻の）アーイシャは「神の使徒ほど病気で苦しんだ人を見たことがない」と言った[125]。

アブドゥッラーは語った。わたしが病気で苦しんでいる神の使徒のもとに行き「あなたは大変苦しんでおいでです」と言ったとき、彼は「そうだ。わたしは二人分も苦しんでいる」と応え、さらにわたしが「これはあなたが来世で二倍の報いを与えられるからでしょうか」と尋ねると、彼は「そうだ。ムスリムのうちで棘でもまたそれ以上の苦しみでも受けた者のために、必ずアッラーは、木が葉を落とすように、彼の罪を取り除かれる」と答えた[126]。

このように、闘病中のムハンマドは非常に苦しんでいましたが、「苦しみを受けた者のために、必ずアッラーは、彼の罪を取り除かれる」と述べたとされます。ムスリムにとって、ムハンマドは見習うべき模範ですから、神に罪を取り除いてもらい天国に行くためには、ムハンマドに倣って、痛み、苦しみに耐えることが重要と言えます。

一方、肉体的・精神的苦痛を和らげるために、薬を投与する緩和ケアも認められています[127]。「忍耐と礼拝によって、［アッラーの］御助けを請い願いなさい。だがそれは、［主を畏れる］謙虚な者でなければ本当に難しいこと（２章45節）」というコーランの章句は、困難に直面したときに耐えられる能力は人それぞれであり、耐えられる能力の範囲内で耐えれば、神からの報酬があると解釈できます[128]。

また中東イスラーム圏では、病院やホスピス等に頼ることは少ないとされています。コーランでは以下のように親孝行が説かれ、大家族のもと在宅看護が一般的に好まれているからです。

　　両親に孝行しなさい。もし両親かまたそのどちらかが、あなたと一緒にいて老齢に達しても、かれらに荒い言葉を使わず、親切な言葉で話しなさい。そして敬愛の情を込め、両親に対し謙虚に翼を低く垂れ［優しくし］て、「主よ、幼少の頃、わたしを愛育してくれたように、二人の上に御慈悲を御授け下さい」と言うがいい（17章23-24節）。

　ここで、サウジアラビアとイランの在宅看護の様子を見てみましょう。サウジアラビアのキング・ファイサル病院では、1990年代から終末期の患者とその家族に対して、在宅でも、病院でも、看護師のチームによって、肉体的・精神的なケアが提供されてきました。サウジアラビアでは、家族の団結と宗教的な絆が強いため、患者は親族に見守られて自宅で亡くなることが多いのです。1989年、キング・ファイサル病院が在宅ケアプログラムの可能性を検討したときに問題になったことは、非サウジアラビア人［非ムスリム］の専門家を自宅に入れることへの否定的リアクションでした[129]。

　このように、患者は家族が看るという前提があるうえに、自宅に看護師やヘルパーを入れることには抵抗があるようです。このためヘルパーの助けを借りずに、家族、とくに女性が患者の世話をする在宅看護も多いと思われます。イスラーム法の婚姻契約では、夫は妻を養い、妻は夫に服従する義務があるため、妻は家族（夫や子ども、夫の両親）のために献身的に世話をすることが求められているからです。

　イランでも、長期におよぶ治療や看護、介護が必要になった場合、そ

の人は病院や施設ではなく、自宅で家族に囲まれて療養するべきだという考えが一般に支持されています。富裕層は看護師などと契約を結び、自宅に呼んで看護や介護を受けることができます。一方、一般の家庭は家族が全面的に看護、介護を担うことになります[130]。

子どもが交代で両親の家へ世話をしに通ったり、親が近くに住む子どもの家をめぐり、もち回りで介護を行いますが、それを担うのは主に女性、つまり妻、娘、嫁、姉妹です。高齢者を子どもが自宅で介護するのは「あたりまえ」とする風潮があるため、施設に入れることには否定的です[131]。罪を犯したために苦しんでいるかもしれない親を介護して看取ることは神の試練とされ、世話した家族も、亡くなった本人も罪を取り除かれたと考える人もいます[132]。

最後に、ムスリムの末期患者が行うべきことについて、中世の法学者ナワウィー（1233～1277年）の言葉を紹介します。

> 病人はよい行いで人生を終わらせなければなりません。家族、隣人、友人の許しを請い、……コーランを読み、神の名を唱え、正しい者たちが死を迎えたときの様子について考えるべきです。礼拝を行い、宗教的義務を果たし、……家族に自分が死んでも悲しまないように忠告すべきです[133]。

ムスリム患者の過ごし方は、前近代も現代も変わらないものと言えるでしょう。

おわりに

　以上、主にウラマーのファトワーを参照しながら、イスラームにおけるいのちの始まりと終わりに関する議論について、聖典解釈を中心に明らかにしてきました。
　まずイスラーム法では、ムハンマドのスンナに倣い男女が結婚して子どもをもうけることが推奨されています。伝統的な聖典解釈では男女の区別が明確ですが、西洋近代の価値観とイスラームの価値観が対立するジェンダーや性的マイノリティといった問題では、リベラルな解釈も見られます。しかし生命倫理の諸問題については、おおむね伝統的な解釈にのっとって、さまざまな法的見解が述べられてきたと言えるでしょう。
　避妊、中絶についてはムハンマドの時代から議論がありました。多数派の見解では、避妊は許されます。また中絶は、入魂前でやむを得ない理由があれば容認されます。しかしながら、避妊、中絶に反対する少数派の見解も存在しています。避妊の議論では、おそらくはエジプトにおける20世紀半ばの人口爆発という時代状況によって、避妊を認めない見解からしだいに認める方向へ、ウラマーの回答が変化していきました。
　生殖補助医療は新しい技術ですから、コーランに明確な答えはありません。そこで、血統に混乱が生じないこと、姦通の禁止といった法規定の伝統的解釈に基づき、多数派の見解は夫婦間の人工受胎のみを認めるというものです。ただし、シーア派の一部には夫婦以外の配偶子を認めたり、代理懐胎も容認する立場もあるのです。この背景には、1990年頃からイランの合計特殊出生率が急激に下がってきたことがあると思われます。また出生前診断という新しい技術自体は認められています。

脳死、臓器移植についてもコーランに明確な答えはなく、臓器移植は長い間禁止されてきました。死とは肉体から霊魂が離脱することですが、それは心臓死のこととされ、さらに人間の身体は神の所有物なので、他人に移植することは許されないからです。しかし、医師の判断による脳死は認められるようになり、他人のいのちを救うことの重要性や困窮者への喜捨を説くコーランの文言を根拠に、身体の一部を他人に与えることは許されるという見解も見られるようになりました。また積極的安楽死は禁止ですが、消極的安楽死（尊厳死）については、治る見込みのない患者の治療は必ずしも義務ではないとして、生命維持装置の取り外しを容認する意見が出てきました。

以上のようなイスラームの生命倫理の議論では、聖典解釈が重要な役割を果たしており、多数のウラマーの賛同を得た解釈に対して一般信徒の合意が形成されていきました。ただし、ウラマーの見解が分かれており、一般信徒の間でも合意形成ができていない分野もあります。

「無宗教」と言われる多くの日本人は、生命倫理を論じる際に聖典に依拠することはほとんどなく、国際スタンダードとされる西欧近代の人権および自己決定権という概念や、日本人ならではの死生観、来世観などに影響を受けていると思われます。イスラームの生命倫理をきっかけに、読者のみなさんがグローバル社会における日本や諸外国の生命倫理の議論についても視野を広げ、考えていただければ筆者として望外の喜びです。

＊本書をいつも私の研究を応援してくれた亡き父に捧げます。
＊＊本書は、日本学術振興会科学研究費補助金基盤研究（C）19K00077、基盤研究（C）23K00063および二国間交流事業Bオープンパートナーシップ共同研究による研究成果の一部です。

注

1 小原 2007参照。生命倫理の問題には、医療の分野だけでなく、哲学者、法律家、宗教界などさまざまな分野の人たちが参入し、生と死の問題に関して社会的合意を形成しようとしてきました。
2 ムハンマドの生涯については、イブン・イスハーク 2010-12参照。
3 最初の啓示は96章1-5節とされています。
4 アッラーの語源は、アラビア語の定冠詞アルと神を表す名詞イラーフから成るとされます。
5 コーランの朗誦は、動画サイト等で視聴できます。
6 カリフとは、神の使徒(ムハンマド)の代理人、後継者。イスラーム共同体の指導者。
7 初代正統カリフ、アブー・バクル(在位632〜634年)の時代にもコーランの編纂があったと言われています。
8 9世紀編纂のハディース集の場合、5〜7人程度。
9 小杉 2002.
10 トルコのマルマラ大学神学部長を務めたゼケリヤ・ベヤーズは首飾りと解釈し、24章31節は、女性が頭髪を隠さなければならない根拠とはならないとしました。欧米のフェミニストにも共通するこの解釈は、一般には受け入れられていません(竹下 2013, 144-146参照)。
11 https://sunnah.com/ibnmajah:1846(本書のURLの最終閲覧日は、すべて2025年1月16日。)
12 https://sunnah.com/mishkat:3096
13 *Iḥyā'*, Vol. 2, 34-95. 和訳は青柳 2003参照。なおガザーリーはイラン出身で母語はペルシア語ですが、ほとんどの著書はアラビア語で執筆しています。
14 通常は、さらにイスラーム法の専門家が契約締結に立ち会います。また現代のイスラーム諸国では、婚姻契約の後、役所への届け出が必要とされます。
15 ガザーリーは中絶を不可としていますが、本書第3章で後述するように、多くの法学者は容認しています。
16 八木 2007, 66.
17 人間は尊厳においては男女平等であるという意味にも解釈できるでしょう。ハディースでは聖書(創世記2章)と同様に、神はアダムの肋骨からイヴを創られたとされています。https://sunnah.com/ibnmajah:525
18 後藤 2018, 397, 407; *Tafsīr*, Vol. 4, 20-21. なおマムルーク朝時代のほかの注釈書においても、イブン・カスィールと同様の解釈が述べられています。マハッリー&スユーティー 2002, 第1巻, 213-214参照。ただし夫婦の間には主従関係だけではなく、コーラン30章21節にあるように、お互いの愛情があるとされます。
19 後藤 2018, 399-400; *Ẓilāl*, Vol. 2, 651.
20 後藤 2018, 401-402, 408; Wadud 1999, 69-74参照。
21 現代において、男女の役割分担に賛成したうえで、男性の優越性までも認めるムスリムが多いのかどうかは、はっきりしません。
22 サウジアラビアの社会経済改革構想を述べた「ビジョン2030」(2016年4月発表)では、女性が社会経済の発展に貢献できるようにするとし、また我が国の国民はイスラーム穏健主義の原則に従うとしています。https://www.jetro.go.jp/ext_images/world/middle_east/sa/sj-visionoffice/links/SVpdf_jp.pdf
23 ただし、欧米由来の自己決定権は公共の福祉に反しない限り保証されるのであり、無制限に

許されるものではありません。
24　https://islamqa.info/en/97827
25　イスラーム諸国会議機構が1990年に採択したカイロ人権宣言第6条では、「女性は、人間としての尊厳において男性と平等であり、享受すべき権利と果たすべき義務を有する」とあり、尊厳は男女平等ですが、権利義務は男女で違うとされています。
26　人間の尊厳や人権思想に関するイスラームの議論における非欧米圏の東洋思想の影響については、管見の限り見当たりませんでした。まず学ぶべきは西洋思想とされ、東洋の思想や宗教はあまりムスリムに参照されていないのかもしれません。ただ、哲学的な神秘主義的存在論の議論などでは、東洋とイスラーム思想の共通性が見られます。また日本人の規律正しく勤勉なところや人に対する優しさはイスラームとも通ずるとされ、日本に親近感をもつムスリムも少なくありません。
27　大川 2021, 42-43参照。もちろん、コーランを時空を超えた神の言葉とする解釈が超歴史的とは単純化はできません。コーランはもともと「天の書板」に書かれてあったものが段階的にムハンマドに下されたとされますが、「天の書板」のレベルでは超歴史的、超社会的かもしれませんが、コーランが下された状況を考慮した解釈においては、歴史的文脈のなかで解釈されています。また歴史的過程のなかでの廃棄理論（コーランの文言に明らかな矛盾がある場合、後の時代の啓示が前の時代の啓示を廃棄し上書きするという解釈の手法）が認められていますし、現実世界ではサラフィー主義者も歴史的文脈からの制約を受けています。
28　スンナ派神学では、何を意味するのか不明瞭な「曖昧な節」の解釈については、文字通りの解釈をするとは限らず、学派間・学者間に見解の相違が存在します（松山 2016, 46）。たとえば「神は玉座に鎮座なされる（コーラン20章5節）」といった神の擬人的表現の解釈について、アシュアリー学派、マートゥリーディー学派は「支配する」などの意味に比喩的に解釈し、「ハディースの徒」はその表現を文字通りに認めますが、その様態については「いかにと問わず」という立場です（松山 2016, 21参照）。
29　生命倫理の諸問題においては、さまざまな立場のウラマーがなるべく文言の文字通りの解釈をしたうえで回答を与えています。
30　コーランには、ソドムという町の名前は書かれていません。またロトの妻は、聖書（創世記19章）では町から逃げるときに後ろを振り返ったために塩の柱となりましたが、コーランでは町に残ったために滅ぼされています。
31　さらにハディースにも、同性愛行為を行った者たちに対するムハンマドの大変厳しい言葉が見られます。
32　マハッリー＆スユーティー 2002, 第1巻, 387-388. なお女性間の同性愛についてはコーランには述べられていませんが、男性間の同性愛と同様、禁止と解釈されています。
33　https://islamqa.info/en/10050
34　南アフリカのイマーム（モスクの説教師、指導者）。
35　アフリカ系アメリカ人のイマーム。
36　Kugle 2010, 66. また彼らは、「性欲をもたない供回りの男（24章31節）」とは一般には老人の男性と解釈されますが、女性に興味のない男性と解釈すればゲイと考えられるとします（Kugle 2010, 67）。
37　詳しくは、「同性間の関係に関する世界地図」（2024年6月時点）参照。https://nijibridge.jp/wp-content/uploads/2024/07/20240704_marriagemap.pdf
38　ムスリム 2001, 第3巻, 570.

39 *al-Qānūn*, Vol. 3, 22.
40 *Iḥyā'*, Vol. 2, 82.
41 性交中断、不完全な性行為。
42 ムスリム 2001, 第 2 巻, 479; ブハーリー 2001, 第 5 巻, 65.
43 ムスリム 2001, 第 2 巻, 478.
44 イスラーム以前の時代には、女児が生まれると生き埋めにすることがありましたが、イスラームでは禁止されています。
45 ムスリム 2001, 第 2 巻, 481.
46 *Iḥyā'*, Vol. 2, 83-84; 青柳 2003, 116-117.
47 アズハル・モスク、アズハル大学、ウラマー集団などを擁するスンナ派の宗教・教育組織。
48 *al-Islām*, 206.
49 *al-Islām*, 207; Aoyagi 2014, 8.
50 エジプトでは、1947年の1900万人から1976年には3800万人へと倍増し（飯塚 2003, 155)、2020年には１億人を突破しました。
51 飯塚 2003, 154-155.
52 飯塚 2003, 158-159; Omran 1992, 6-7.
53 *al-Fatāwā Dirāsah*, 249-250; Aoyagi 2014, 8.
54 アリーの子孫のうち、ザイドを指導者とするシーア派の一派。
55 Omran 1992, 8-9.
56 1998年11月、アメリカのジェームズ・トムソン教授らによって、ヒト胚性幹細胞の実験が成功しました。
57 1997年から2004年に至る「ヒト胚」をめぐる日本の審議に関する経緯については、島薗 2006 参照。
58 National Bioethics Advisory Commission 2000.
59 インド系ムスリムで、当時ヴァージニア大学教授（宗教学）。生命倫理についての著作 (Sachedina 2009) もあります。
60 中絶の可否は、アメリカでは大統領選挙の争点の一つとなるほど大きな問題となっています。
61 島薗進教授（宗教学）は、キリスト教のような受精卵を壊す・壊さないかという議論よりも、iPS細胞やゲノム編集などいのちの始まりの段階で手を加える研究によって何ができてしまうか、その研究によって人間や生命環境がどう変わっていくのかということが主要な問題になってきていると述べています（山中 2017, 40)。
62 カトリックは「目的は手段を正当化しない」という倫理観をとっているので、夫婦間でも人工受胎は認められていません（松本 1998, 41参照)。
63 ムハンマド・アリー朝時代の1895年に、司法省の一部門として設立された公的組織。
64 *al-Fatāwā al-Islāmīyah*, Vol. 9, 3213-3228参照。
65 ここでは夫婦の受精卵を代理母の子宮に移すケースは検討されていませんが、「母はかれらを生んだ者以外にはないのである（58章２節)」という文言が前提となっているので、代理懐胎は許されないことになります。
66 https://islamqa.info/en/98604 サウジアラビア最高法官などを歴任したイブン・バーズ（1912～1999年）も生殖補助医療に反対するファトワーを発しています。
67 アリーはムハンマドのいとこであり、娘婿でもあります。
68 ムハンマドには息子がいなかったため、誰をイスラーム共同体の指導者とするかという問題

が生じました。4人の正統カリフの時代の後、661年にウマイヤ朝が成立しますが、その過程で、アリーに従う党派と、ウマイヤ家のムアーウィヤ(?～680年)に従う党派が争いました。アリーの党派がシーア派になっていき、ウマイヤ朝を認めた多数派がスンナ派になっていきます。シーア派は、12イマーム派、イスマーイール派、ザイド派などに分かれていきました。

69 https://www.leader.ir/en/book/32/Practical-Laws-of-Islam(Medical Issues, Artificial Insemination and In Vitro Fertilization, Q1265)なおハーメネイーは、精子も卵子も第三者による提供受精卵を用いた人工受胎については述べておらず、どちらかの配偶子は夫婦のものであることが前提となっています。

70 https://www.leader.ir/en/book/32/Practical-Laws-of-Islam(Medical Issues, Artificial Insemination and In Vitro Fertilization, Q1267)

71 ハーメネイーは、終生婚であれ一時婚であれ、一夫多妻の場合、一人の妻がもう一人の妻と夫との間の子どもの代理母になることに問題はないとしています。https://www.leader.ir/en/book/32/Practical-Laws-of-Islam(Medical Issues, Artificial Insemination and In Vitro Fertilization, Q1268)参照。第三者の女性と夫が一時婚をすれば、実質的に代理懐胎は許されることになります。

72 https://www.nytimes.com/2014/06/08/world/middleeast/iran-tehran-offers-incentives-to-middle-class-families-to-have-more-children-as-population-declines.html参照。イランの合計特殊出生率は2001年に1.98になり、2人を割りました。その後2015年から2.04になり、2017年までは2人を若干上回りましたが、2018年から1.97に下がり、再び2人を割る状況になりました。https://ecodb.net/country/IR/fertility.html参照。

73 村上 2015, 6.

74 原意は「模倣の源泉」。イラン、イラクにおける12イマーム派のイスラーム法学の最高有識者。

75 https://www.sistani.org/english/book/49/2422/

76 細谷 2018, 121.

77 Abbasi-Shavazi et. al. 2008, 7-8.

78 コーラン58章2節には生んだ者が母であるとありますが、シーア派では遺伝的要素を優先し、卵子の所有者が母となります。ハーメネイーは、提供精子を認めるファトワーにおいて、子どもは精子を提供した男性と、卵子を提供した女性(妻)に属すると述べています。

79 細谷 2018, 126. 1975年に制定された「保護者のいない子どもの監護に関する法」と2013年の改正法「保護者がいない、あるいは保護者に責任能力のない児童と青少年の援護に関する法」を指します(細谷 2018, 131, 注17)。

80 夫婦間でも人為的操作は認められないとする法学者も若干います。

81 https://islamqa.info/en/9249

82 https://www.leader.ir/en/book/32/Practical-Laws-of-Islam(Medical Issues, Abortion, Q1254, Q1255, Q1257)参照。

83 細谷 2017, 75参照。

84 ブハーリー 2001, 第3巻, 353.

85 https://sunnah.com/mishkat:130

86 六信五行とは、六つの信仰箇条(神、天使、啓典、使徒、来世、神の予定)と五つの義務行為(信仰告白、礼拝、喜捨、巡礼、断食)。

87 ほかの章句として、80章18-22節、45章26節などがあります。
88 https://sunnah.com/ibnmajah:1617
89 ヨハネ・パウロ 2 世 2008, 188参照。一方、臓器移植には「存在する価値のない」ものからなんとか部品を抜き出し、より「優れた存在」のために利用するという発想が象徴的に現れているといった批判もあります（舟木 2012, 154-155）。
90 森 2006, 65-66.
91 森 2006, 67. 脳死を認めるファトワーについては、次節の安楽死の議論参照。
92 森 2006, 68参照。
93 森 2006, 68-69. なおシャアラーウィーは、アズハル総長のような公的なイスラーム法学者の地位についたことはありません。
94 臓器移植肯定派のタンターウィーは、1989年、新聞『ワフド』紙において、宇宙のすべては神に属すが、よい目的のためなら、人間に自分の身体を自由にすることを許しているとするファトワーを発しました（Atighetchi 2007, 171）。
95 エジプトのムスリム同胞団の理論的指導者で、カタールに移住。テレビやインターネット上でも活躍しました。
96 *Fatāwā Muʻāṣirah*, Vol. 2, 531-532参照。カラダーウィーの議論について詳しくは、*Fatāwā Muʻāṣirah*, Vol. 2, 530-540; 森 2006参照。
97 「人が死ぬと、その行いは三つを除いて絶たれる。それは継続的な喜捨、他者が恩恵を受けた知識、彼のために祈願する正しい子どもである。」https://sunnah.com/tirmidhi:1376
98 *Fatāwā Muʻāṣirah*, Vol. 3, 664-667参照。
99 ガードゥルハックが反対したのは、宗教的教義上の問題だけではなく社会的影響として臓器売買が横行する危険性があったからと考えられており、実際にエジプトでは臓器売買は法的に禁じられていますが、貧しさゆえに腎臓を提供するケースが多々あります（森 2006, 76-77）。なおカラダーウィーは、臓器売買は許されないとしています（*Fatāwā Muʻāṣirah*, Vol. 2, 534）。
100 川上 2012, 64-71参照。
101 安楽死とはギリシア語「エウタナシアー」の訳語で、よき死、安らかな死という意味です。
102 大谷 2011, 189参照。
103 谷田 2012, 4. なお積極的安楽死を合法化した国として、オランダ、ベルギー等があり、米国では一部の州で、末期患者に対する医師による自殺幇助が認められています。https://songenshi-kyokai.or.jp/qa
104 日本では、1994年、日本学術会議の「死と医療特別委員会」は、尊厳死を「助かる見込みがない患者に延命医療を実施することを止め、人間としての尊厳を保ちつつ死を迎えさせる」こととしました。そして「過剰な延命医療の不開始・中止」であって「自殺でもなければ、医師の手による殺人でもない」ので、「延命医療の中止は一定の要件のもとに許容しうる」としました（谷田 2012, 4）。
105 ムスリム 2001, 第 1 巻, 84. 類似のハディースは、ブハーリー 2001, 第 2 巻, 53参照。
106 Rispler-Chaim 1993, 96.
107 Rispler-Chaim 1993, 97.
108 ファトワー庁のトップである大ムフティーのこと。
109 ムスリム 2001, 第 1 巻, 83-86参照。
110 https://www.dar-alifta.org/en/fatwa/details/681/euthanasia

111 Atighetchi 2007, 286.
112 「患者の権利に関するリスボン宣言」参照。https://www.med.or.jp/doctor/international/wma/lisbon.html
113 広義の尊厳死は「患者は尊厳のうちに死ぬ権利がある」という考えに基づくものすべてを含むため、積極的安楽死も含まれます。しかしカトリックでは、「殺す」という概念に入る方法を用いるものは認められないため、「治療の中止」という狭義の消極的安楽死のみを認めています（松本 1998, 95-96参照）。このカトリックの理論は、イスラーム、日本の議論と共通していると思われます。
114 菊地達也氏（東京大学大学院教授）によるご教示。感謝申し上げます。
115 鎌田 2019, 32-33.
116 治療は義務とする法学者の根拠の一つは、「どのような病にも薬はある。それ故、その病に合った薬が用いられれば、至高偉大なるアッラーのお許しで癒える（ムスリム 2001, 第3巻, 258)」というハディースです。
117 ムスリム 2001, 第3巻, 531; ブハーリー 2001, 第5巻, 215.
118 *Fatāwā Muʿāṣirah*, Vol. 2, 527-529. カラダーウィーが創設したイスラーム関係のウェブサイトIslam Onlineにも同様のファトワーが述べられています。https://fiqh.islamonline.net/en/islams-stance-on-euthanasia/ なお2013年3月14日の閲覧時には、このファトワーには、「回答者カラダーウィー（2005年3月22日付）」と記載がありましたが、サイトがリニューアルされ、記載がなくなりました。
119 イスラームにおける尊厳と尊厳死については、青柳 2024参照。
120 現在はイスラーム協力機構（OIC）と改称しています。
121 https://islamqa.info/en/129041
122 https://www.islamicity.org/2583/ 2005年3月25日の説教より。一方、1989年、サウジアラビアのイフター・イスラーム研究常任委員会が出した法的見解には、本人のリヴィング・ウィルがなくても、医師の判断によって生命維持装置の取り外しが行われることが示されています（森 2021, 303）。
123 人工呼吸器の装着等の延命医療をそもそも開始しないというケース、また鎮痛剤等の投与により副次的に死が早まるという間接的安楽死の可否について明確に述べているファトワーは、管見の限り見当たりませんでした。しかしこれらは積極的安楽死に該当しないため、容認されると思われます。
124 松本 1998, 136.
125 ブハーリー 2001, 第5巻, 214; ムスリム 2001, 第3巻, 528.
126 ブハーリー 2001, 第5巻, 214.
127 Sachedina 2009, 170; 青柳 2014参照。
128 Masoodi and Dhar 1995-96, 26; Atighetchi 2007, 269参照。
129 Atighetchi 2007, 272-273参照。
130 細谷 2004, 438.
131 細谷 2004, 439参照。
132 細谷 2004, 440-441参照。
133 *al-Majmūʿ*, Vol. 5, 118-119.

参考文献

一次文献(アラビア語)略号

Iḥyā': Abū Ḥāmid al-Ghazālī, *Iḥyā' 'Ulūm al-Dīn*, ed. by Abū Ḥafṣ, 5 vols., Cairo: Dār al-Ḥadīth, 1992.

al-Fatāwā Dirāsah: Maḥmūd Shaltūt, *al-Fatāwā: Dirāsah li-Mushkilāt al-Muslim al-Mu'āṣir fī Ḥayāti-hi al-Yawmīyah al-'Āmmah*, Cairo: Dār al-Shurūq, 2004.

al-Fatāwā al-Islāmīyah: Jād al-Ḥaqq 'Alī Jād al-Ḥaqq et al., *al-Fatāwā al-Islāmīyah min Dār al-Iftā' al-Miṣrīyah*, Vol. 9, Cairo: Dār al-Iftā' al-Miṣrīyah, 1997.

Fatāwā Mu'āṣirah: Yūsuf al-Qaraḍāwī, *Min Hady al-Islām: Fatāwā Mu'āṣirah*, 3 vols., Kuwait: Dār al-Qalam, 2003.

al-Islām: Maḥmūd Shaltūt, *al-Islām: 'Aqīdah wa Sharī'ah*, Cairo: Dār al-Shurūq, 2001.

al-Majmū': Abū Zakariyā al-Nawawī, *al-Majmū' Sharḥ al-Muhadhdhab*, 20 vols., n.p.: Dār al-Fikr, n.d.

al-Qānūn: Ibn Sīnā, *al-Qānūn fī al-Ṭibb*, n.p.: Dār al-Fikr, 3 vols., n.d.

Tafsīr: Ibn Kathīr, *Tafsīr al-Qur'ān al-'Aẓīm*, 15 vols., Cairo: al-Fārūq al-Ḥadīthah li-al-Ṭab'ah wa al-Nashr, 2000.

Ẓilāl: Sayyid Quṭb, *Fī Ẓilāl al-Qur'ān*, 6 vols., Cairo: Dār al-Shurūq, 2007.

二次文献

青柳かおる 2003.『現代に生きるイスラームの婚姻論——ガザーリーの「婚姻作法の書」訳注・解説』東京外国語大学アジア・アフリカ言語文化研究所.

青柳かおる 2005.「ガザーリーの婚姻論——スーフィズムの視点から」『オリエント』第47巻第2号, 120-135.

青柳かおる(塩尻和子監修)2007.『面白いほどよくわかるイスラーム——教義・思想から歴史まで、すべてを読み解く』日本文芸社.

青柳かおる 2012.「イスラームの生命倫理における初期胚の問題——ユダヤ教、キリスト教と比較して」『比較宗教思想研究』第12輯, 1-21.

青柳かおる 2013.「イスラームの生命倫理と先端医療——キリスト教と比較して」『比較宗教思想研究』第13輯, 101-122.

青柳かおる 2014a.「イスラームの生命倫理における安楽死と尊厳死——キリスト教と比較して」『比較宗教思想研究』第14輯, 1-29.

青柳かおる 2014b.『ガザーリー——古典スンナ派思想の完成者』(世界史リブレット人25)山川出版社.

青柳かおる 2015.「生殖補助医療に関するスンナ派イスラームの生命倫理」『比較宗教思想研究』第15輯, 19-41.

青柳かおる 2016a.「イスラームにおける生殖補助医療——シーア派を中心に」塩尻和子編著『変革期イスラーム社会の宗教と紛争』明石書店, 188-209.

青柳かおる 2016b.「イスラームにおける死と看護」『死の臨床』第39巻第1号, 60-61.

青柳かおる 2018.「イスラームにおける生命倫理の諸問題」『東洋学術研究』第57巻第1号, 5-33.

青柳かおる 2019a.「一時婚(ムトア)に関するシーア派とスンナ派の論争——古典時代から現代まで」『イスラム思想研究』第1号, 3-23.

青柳かおる 2019b.「イスラームにおける出生前診断――スンナ派を中心に」『人文科学研究』第145輯, 1-16.
青柳かおる 2020a.「ガザーリーの「婚姻作法の書」にみられる夫婦観――コーラン4章34節の解釈にみられる役割分担に注目して」『比較宗教思想研究』第20輯, 1-20.
青柳かおる 2020b.「イスラームにおける同性愛――伝統的解釈を中心に」『人文科学研究』第147輯, 1-19.
青柳かおる 2021.「イスラームの同性愛における新たな潮流――ゲイのムスリムたちの解釈と活動」『比較宗教思想研究』第21輯, 1-24.
青柳かおる 2023.「生殖医療」イスラーム文化事典編集委員会編『イスラーム文化事典』丸善出版, 100-101.
青柳かおる 2024.「イスラームにおける尊厳と尊厳死（消極的安楽死）――ファトワーの分析を中心に」小島毅・加藤泰史編『尊厳概念の転移』法政大学出版局, 145-168.
飯塚正人 2003.「解題 現代イスラーム世界における人口爆発とガザーリーの遺産」青柳 2003, 152-160.
イブン・イスハーク著, イブン・ヒシャーム編註（後藤明・医王秀行・高田康一・高野太輔訳）2010-2012.『預言者ムハンマド伝』（全4巻）岩波書店.
大川玲子 2021.『リベラルなイスラーム――自分らしくある宗教講義』慶應義塾大学出版会.
大谷いづみ 2011.「「自分らしく、人間らしく」死にたい？」玉井真理子・大谷いづみ編『はじめて出会う生命倫理』有斐閣, 187-208.
鎌田繁 2019.「イスラームにおける死――自殺、殉教、安楽死」『死生学年報』第15号, 29-46.
川上泰徳 2012.『イスラムを生きる人びと――伝統と「革命」のあいだで』岩波書店.
小杉泰 2002.「ムスリム・イブン・ハッジャージュ」大塚和夫・小杉泰・小松久男・東長靖・羽田正・山内昌之編『岩波 イスラーム辞典』岩波書店.（CD-ROM版）
後藤絵美 2018.「クルアーンとジェンダー――男女のありかたと役割を中心に」松山洋平編『クルアーン入門』作品社, 389-413.
小原克博 2007.「生命倫理に対し宗教は何ができるのか――倫理委員会の実際を踏まえて」『大法輪』12月号.（ウェブ再録）
http://www.kohara.ac/research/2007/11/article200711.html
島薗進 2006.『いのちの始まりの生命倫理――受精卵・クローン胚の作成・利用は認められるか』春秋社.
竹下政孝 2013.『イスラームを知る四つの扉』ぷねうま舎.
谷田憲俊 2012.「安楽死・尊厳死をめぐる生命倫理の問題状況」シリーズ生命倫理学編集委員会編『安楽死・尊厳死』（シリーズ生命倫理学5）丸善出版, 1-20.
舟木譲 2012.「臓器移植は「愛のわざ」か――キリスト教の視点から」『関西学院大学キリスト教と文化研究』第13号, 145-158.
ブハーリー（牧野信也訳）2001.『ハディース――イスラーム伝承集成』（中公文庫, 全6巻）中央公論新社.
細谷幸子 2004.「家族による看護・介護をめぐる状況」『看護管理』第14巻第5号, 438-441.
細谷幸子 2017.「イランの「治療的人工妊娠中絶法」をめぐる議論」『生命倫理』第27巻第1号, 72-78.
細谷幸子 2018.「イランにおける第三者がかかわる生殖補助医療の活用に関する倫理的議論と実践」『東洋学術研究』第57巻第1号, 117-134.

松本信愛 1998.『いのちの福音と教育――キリスト教的生命倫理のヒント』サンパウロ.
松山洋平 2016.『イスラーム神学』作品社.
マハッリー, ジャラールッディーン＆ジャラールッディーン・スユーティー（中田香織訳, 中田考監訳）2002-2006.『タフスィール・アル＝ジャラーライン（ジャラーラインのクルアーン注釈）』（全3巻）日本サウディアラビア協会.
三田了一訳, 日本ムスリム協会編 2002.『日亜対訳・注解 聖クルアーン』日本ムスリム協会.
http://www2.dokidoki.ne.jp/islam/quran/quran000.htm
ムスリム（磯崎定基・飯森嘉助・小笠原良治訳）2001.『日訳 サヒーフ ムスリム』（全3巻）日本ムスリム協会.
http://www.muslim.or.jp/hadith/smuslim-top-s.html
村上薫 2015.「中東イスラム社会と生殖技術――研究動向の紹介」宇佐見耕一編『基礎理論研究会「新興国における子どもに関する政策研究会」調査研究報告書』アジア経済研究所, 1-12.
森伸生 2006.「イスラーム法と現代医学――脳死と臓器移植問題を通して」『シャリーア研究』第3号, 63-80.
森伸生 2021.「現代医学に挑戦するイスラーム法――生命倫理と信仰」西尾哲夫・東長靖編著『中東・イスラーム世界への30の扉』ミネルヴァ書房, 295-305.
八木久美子 2007.「イスラーム」田中雅一・川橋範子編『ジェンダーで学ぶ宗教学』世界思想社, 58-73.
山中伸弥監修 2017.『科学知と人文知の接点――iPS細胞研究の倫理的課題を考える』弘文堂.
ヨハネ・パウロ2世（裏辻洋二訳）2008.『回勅 いのちの福音』（ペトロ文庫）カトリック中央協議会.
Abbasi-Shavazi, M. J., M. Inhorn, H. Razeghi-Nasrabad, and Gh. Toloo 2008. "The "Iranian Art Revolution": Infertility, Assisted Reproductive Technology, and Third-Party Donation in the Islamic Republic of Iran," *Journal of Middle East Women's Studies*, 4-2, 1-28.
Aoyagi, Kaoru 2014. "Early Embryos in Islamic Bioethics: A Comparative Study with Judaism and Christianity concerning Contraception, Abortion, and Embryonic Stem Cells," 近藤洋平編『中東の思想と社会を読み解く』東京大学中東地域研究センター, 3-20.
Atighetchi, Dariusch 2007. *Islamic Bioethics: Problems and Perspectives*, Dordrecht: Springer.
Kugle, Scott Siraj al-Haqq 2010. *Homosexuality in Islam: Critical Reflection on Gay, Lesbian, and Transgender Muslims*, London: Oneworld Publications.
Masoodi, Saqlain and Lalita Dhar 1995-96. "Euthanasia at Western and Islamic Legal System: Trends and Developments," *Islamic and Comparative Law Review*, 15-16, 1-36.
National Bioethics Advisory Commission 2000. *Ethical Issues in Human Stem Cell Research*, Vol. 3, Religious Perspective, Rockville, Maryland.
https://bioethicsarchive.georgetown.edu/nbac/stemcell3.pdf
Omran, Abdel Rahim 1992. *Family Planning in the Legacy of Islam*, London: Routledge.
Rispler-Chaim, Vardit 1993. *Islamic Medical Ethics in the Twentieth Century*, Leiden: E.J. Brill.
Sachedina, Abdul Aziz 2009. *Islamic Biomedical Ethics: Principles and Application*, Oxford: Oxford University Press.
Wadud, Amina 1999. *Qur'an and Woman: Rereading the Sacred Text from a Woman's Perspective*, Oxford: Oxford University Press.

■ 著者紹介

青柳　かおる（あおやぎ　かおる）

東京大学大学院人文社会系研究科博士課程修了
日本学術振興会特別研究員（PD）、東京大学大学院人文社会系研究科助教等を経て、現在、新潟大学人文社会科学系（人文学部）教授

主要著書・論文
『イスラームの世界観──ガザーリーとラーズィー』明石書店, 2005.「ガザーリーの修行論における性の問題──神秘主義的宇宙論との関係を中心に」『宗教研究』第346号, 2005, 95-116.「古典時代と現代におけるイスラームの婚姻論比較研究──ガザーリーとカラダーウィー」『史潮』第63号, 2008, 64-81.「スーフィズムにおける修行と身体」栗原隆・矢萩喜從郎・辻元早苗編『空間と形に感応する身体』東北大学出版会, 2010, 115-142.「イスラームのコスモロジー──流出論をめぐって」竹下政孝・山内志朗編『イスラーム哲学とキリスト教中世Ⅲ　神秘哲学』岩波書店, 2012, 49-65.『ガザーリー──古典スンナ派思想の完成者』（世界史リブレット人）山川出版社, 2014.「預言者ムハンマドにおける神との交流──啓示体験と昇天体験」杉木恒彦・高井啓介編『霊と交流する人びと』上巻, リトン, 2017, 83-103.「コーラン解釈における廃棄（ナスフ）の諸相──一時婚の議論を中心に」『比較宗教思想研究』第19輯, 2019, 19-38.「シーア派における一時婚──スンナ派との論争と現代における実践」森本一夫・井上貴恵・小野純一・澤井真編『イスラームの内と外から──鎌田繁先生古稀記念論文集』ナカニシヤ出版, 2023, 382-402.「現代におけるムスリム同性愛者への迫害と救済活動」『人文科学研究』第155輯, 2024, 1-21ほか.

ブックレット新潟大学83
イスラームの生命倫理（せいめいりんり）　いのちに関する聖典解釈（かんせいてんかいしゃく）

2025（令和7）年3月31日　初版第1刷発行

編　者──新潟大学大学院現代社会文化研究科
　　　　　ブックレット新潟大学編集委員会
　　　　　jimugen@cc.niigata-u.ac.jp

著　者──青柳かおる

発行者──中川　史隆

発行所──新潟日報メディアネット
　【出版グループ】　〒950-1125　新潟市西区流通3-1-1
　　　　　　　　　TEL 025-383-8020　　FAX 025-383-8028
　　　　　　　　　https://www.niigata-mn.co.jp

印刷・製本──株式会社ウィザップ

©Kaoru Aoyagi 2025, Printed in Japan　ISBN978-4-86132-875-6

「ブックレット新潟大学」刊行にあたって

　ブックレット新潟大学は、教育研究活動の一端を社会に向けて発信し、地域貢献活動の一つとするために、2002年から刊行されました。中高校生から社会人までの広範囲の読者を念頭に置き、読みやすさを優先して執筆されています。しかしそれは、研究者でも学生でもない一般の読者のために、高度な学問的内容を単純化し、レベルを下げて、わかりやすいことだけをわかりやすく繰り返すことを目的としたものではありません。

　「コスト・パフォーマンス」や「タイム・パフォーマンス」が重視され、自分が知りたいことだけを知りたいだけ知るためのメディアが隆盛を極めている今日において、私たちのブックレットは、むしろ、私たちが知らなかったもの、知らないですませようとしてきたもの、知らないことを知らなかったものについて語ろうとしています。それを読む経験は、必然的にある困難をともなうでしょう。しかしながらその困難は、専門家にも、非専門家にも共通のものです。

　フランスの哲学者ジル・ドゥルーズは、死後に公表されたあるインタビューのなかで、こんなことをいっています。——哲学は、哲学の専門家に向けて語られるときでも、哲学を専門にしない人たちに向けて語られるときでも、厳密に同じものでなければなりません。哲学を専門にしない人たちに向けて語るからといって、それをやさしいものにすることはないのは、音楽の場合と同じです。音楽家ではない聴衆が相手だからといって、ベートーヴェンをやさしく演奏したりはしないでしょう？　哲学はつねに哲学の専門家と非専門家という二重の聴衆をもっている。この両者がなければ、哲学はないのです、と。

　ドゥルーズが哲学についていっていることは、学問全般に当てはまります。音楽家ではない人々に向けて演奏されたベートーヴェンが真の音楽を求める聴き手一人ひとりに届くように、中高校生から社会人にいたる広範囲の読者にむけて書かれたブックレット新潟大学も、知的に真摯な読者一人ひとりの期待を裏切らないことを願っています。

2024年12月

新潟大学大学院現代社会文化研究科
　研究科長　　番　場　　俊